心の味

周富徳

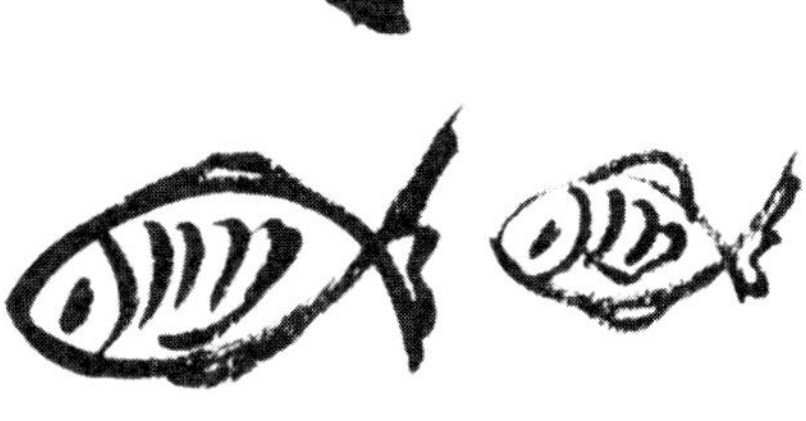

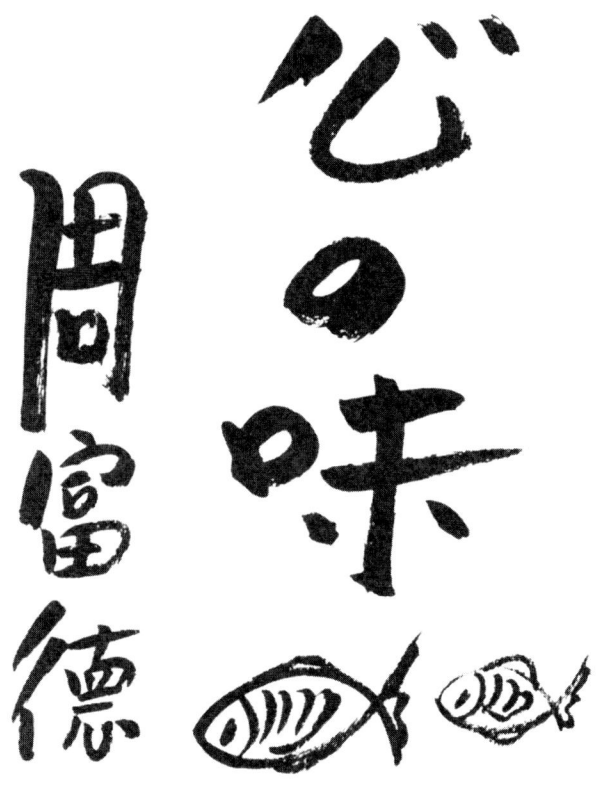

すぐできる！　おいしい中華の家庭料理

はじめに

おいしい中華料理を家庭の食卓に

中華料理は、北京、上海、四川、広東と大きく四つに分けられますが、僕が食べて育ったのは広東の家庭料理。両親は広東省順徳県の出身で、広東の中心地・広州は「食は広州にあり」といわれるほど、食材も豊富で、名コックが出ることでも有名なところです。

中華料理といえば、レストランやお店で食べるような味をイメージされますが、家庭で作るのは、やっぱり中国の家庭料理の味。僕は横浜の中華街で生まれ育ちましたが、おふくろが作ってくれた料理を今でもメニューに生かしているんです。身近な材料で、手早く、おいしく作ってくれる。それが、中華に限らず、家庭料理に必要なことだと思い、この本にあつめてみました。

　メニューは6つのブロックで構成していますが、いずれも家庭で簡単にできる中華料理です。味も素材を生かしてあっさりと仕上げ、日本の食卓に合うように、僕流にアレンジしています。僕は、子どものころから食べたり、作ったりすることが好きで、おいしいものを求め続けてきましたが、料理には創意工夫する心が大切です。

　また、中華料理は「火の料理」といわれるほど火加減が大切です。家庭でよく使う火力は、僕たちが調理する厨房の火力と違うので、おいしくできないと思っている人も多いようですが、家庭の火力でも、鍋をじゅうぶん熱して調理すればおいしくできるのです。

　中華の場合は、下ごしらえをすませておいて、一気に仕上げるものが多く、油の使い方ひとつで料理の味が変わってくるんです。僕の料理は手早くしても、手抜きはタブーなのです。このあたりも、しっかりつかんで、おいしい家庭中華をたくさん作ってください。

一九九三年　六月

周　富徳

目次

PART I

炒《チャオ》

PART II

焼《シャオ》・炸《チャ》

PART III

煎《チエン》・蒸《チョン》　焼く・蒸す

PART Ⅳ

溜《リュウ》・拌《バン》

PART Ⅴ

湯《タン》

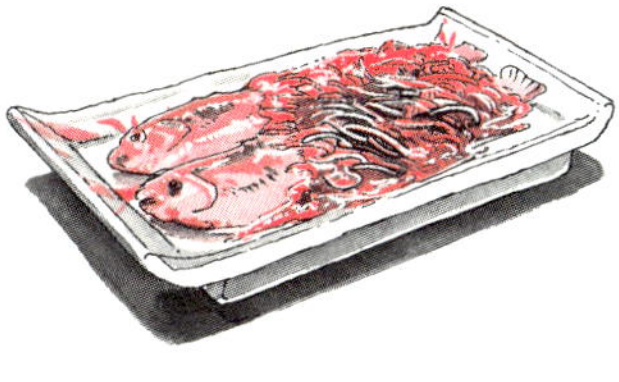

PART VI

麺《ミエン》・飯《ファン》 めん類・ご飯

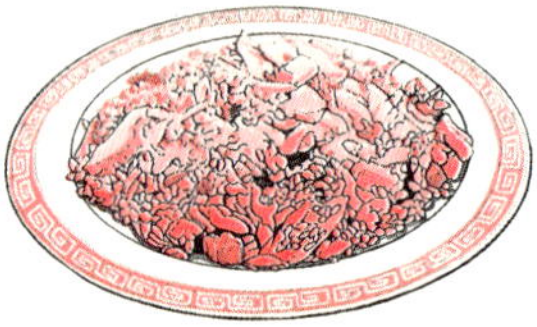

楽《ロウ》

中華料理をもっと楽しむために——147

七箇条

中華料理の魅力は、手早く、簡単に、おいしく作ること。火を通す時間が短いほど、材料の持ち味を生かせるし、栄養分も逃さず、燃費も経済的なんだ。ただ、簡単においしく作るには大切なポイントがあることも忘れないこと。

一、素材の持ち味を生かす

肉や魚介、野菜などは、素材自体にうまみがある。それを火に通しすぎると、せっかくの味が逃げてしまう。下ごしらえでうまみを封じたり、八分どおりに湯通しするなど、味を引き出す調理法を考えたいね。

二、調理法で変化をつける

強火で一気に仕上がるといっても、献立メニューに炒め物や揚げ物ばかり並ぶのはつまらない。あえものや煮物など、調理法を変えた料理を組み合わせるのも、中華の奥深いおいしさを味わう秘訣なんだ。

三、下ごしらえをきちんとする

火の通りをよくしたり、素材の味を引き出したり、下ごしらえはどの調理にも欠かせない。材料は手早く切り揃え、合わせ調味料はすべて先に仕込んでおき、火の前に立ったら動かなくてすむように。

手早く、おいしく作るための

中華の極意…

四、味つけは手作りの調味料で

肉や魚介の下味から、仕上げの合わせ調味料まで、味つけはすべて手作り。火をつける前に、調理手順とのタイミングをはかって、ストックしたものより、そのつど作ったほうが、おいしく仕上がるよ。

五、火加減をよくみる

プロの厨房の火力に比べて、一般家庭の火力は弱いので煙りが立つくらいまで鍋を十分焼いて調理すること。また調理するときは強火でも、とろみをつけるときは弱火にするなど、火加減も手順に合わせること。

六、材料にも動きにも無駄をなくす

材料や調理の手順が多くなればなるほど、手ぎわよく動いて目も注ぐように。調味料も分量を計るより指先で覚えるほうが早くできるよ。１人分ずつ作るのか、大皿に盛るのか作り方も注意して。

七、香りよく彩りよく盛りつける

中華に限らず、料理を仕上げておいしい香りがしなければ、味気もなくなってしまう。調理の途中で香味野菜やスパイスで香りを出し、鮮度を生かして彩りよく仕上げれば合格点をあげるよ。

揃えておきたい 中華の調理道具

調理道具で揃えたいのは、まず中華鍋。ほかの道具は、手持ちで間に合わせ、必要ならば徐々に揃えていけばいい。

◆中華鍋は鍋底の丸いもので、片手鍋のほうが、家庭では扱いやすい。使う前に湯を沸騰させて捨て、洗剤とたわしで洗う。これを二度くり返し、最初に油で香味野菜を炒めると使いやすくなる。

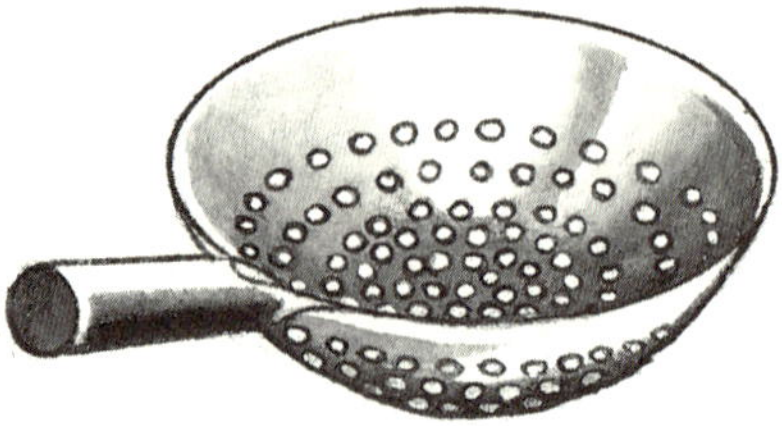

◆ジャーレンは、炒め物や揚げ物の油きりなどに役立つ道具。油きりといえば、中華鍋に取りつけられる半円形の金網タイプも便利。

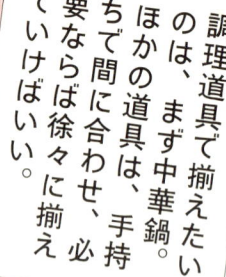

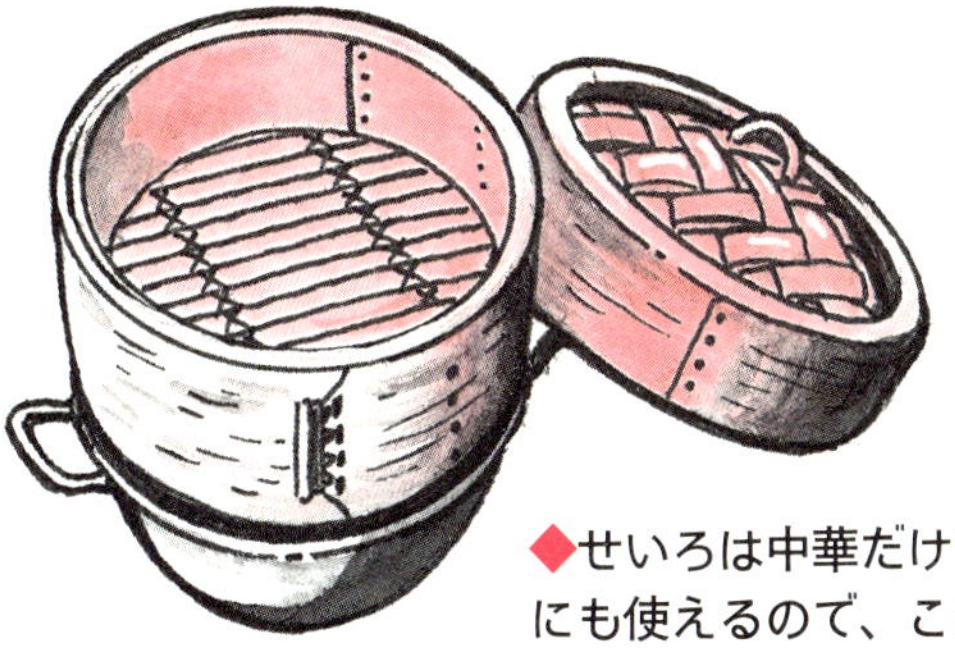

◆せいろは中華だけでなく、ほかの料理にも使えるので、この機会に揃えたい。大きさは中華鍋よりひと回り小さいもの、36cmの鍋には30cmのものが適当。

◆庖丁は日本のものに比べ、幅広で重みがあるので、ニンニクをつぶすときなどに便利。厚刃と薄刃があるほか、幅がせまい、扱いやすいタイプもある。

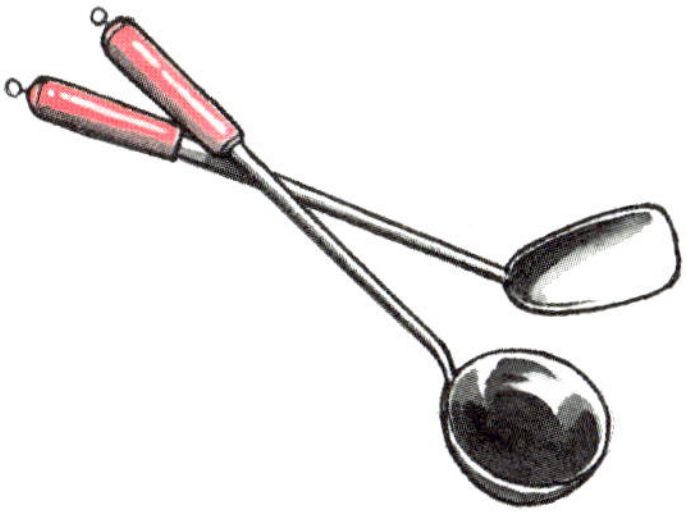

◆玉じゃくし、へらは、よく使われる道具だけに丈夫なものを選びたい。鉄製はサビやすいので、ステンレス製のほうが家庭向き。

◆まな板は、丸太を厚く輪切りにしたもの。本格的なものは、重い庖丁でたたいてもはねないほどの厚さがある。家庭用に、軽くしたタイプもあるので利用するといい。

揃えておきたい　中華料理の食器

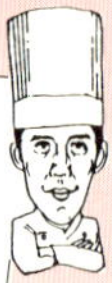

中国の家庭料理は一汁四菜が基本。テーブルの中央にスープ鉢や大皿に盛った料理が並び、各自がとり分けて食べる。食器を揃えるなら、とり皿を中心に、あとは料理をマスターしてからでもいいよ。

小皿

中皿

◆皿
中くらいのものと、やや大きめの盛り皿にも使えるもの、つけたれを入れる小皿などを。

大皿

◆湯呑茶碗
陶器製のもので、できれば
ポットも同じデザインで。

◆はし
象牙製は高いので、竹製や
木製でも間に合うよ。

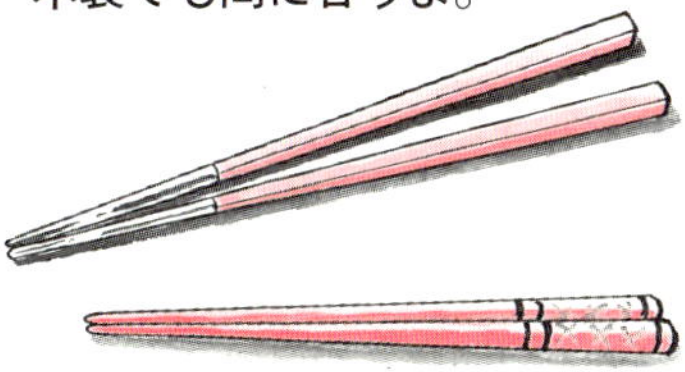

◆スープの器
広口のご飯茶碗よりやや小
さめのもの。スープだけで
なくご飯を入れてもいい。

◆調味料入れ
ラー油や酢、からし入れな
ど食卓におくものを。

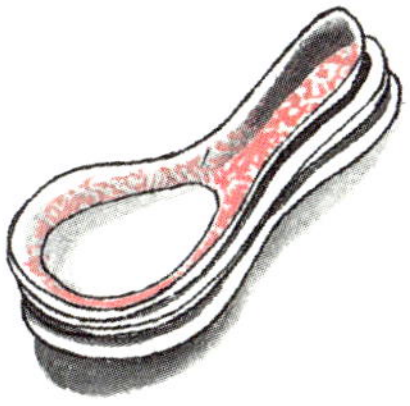

◆れんげ
陶器製のものが一般的、な
ければスプーンを代用して。

見た目もおいしく 材料の切り方

中華料理では、メインの材料に合わせてほかの材料も切り揃える。これは、見た目に美しいだけでなく、火の通りを平均にする意味もあるんだ。

みじん切り
末（モー）

◆みじん切り
せん切りにしたものを小口から細かく切る。ねぎ、しょうが、にんにくなどの薬味に。

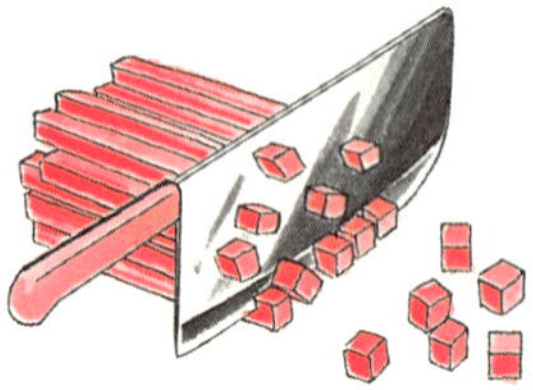

さいの目切り
丁（ティン）

◆さいの目切り
サイコロ状の切り方で、1㎝の拍子木切りを小口から同じ1㎝の角状に切る。

せん切り
絲（スー）

◆せん切り
5㎝ほどの薄切りを重ね、繊維にそって細かく切る。薬味用ねぎや、あえものの材料に。

そぎ切り／薄切り
片(ピエン)

ぶつ切り
段(トアン)

拍子木切り
條(ティアオ)

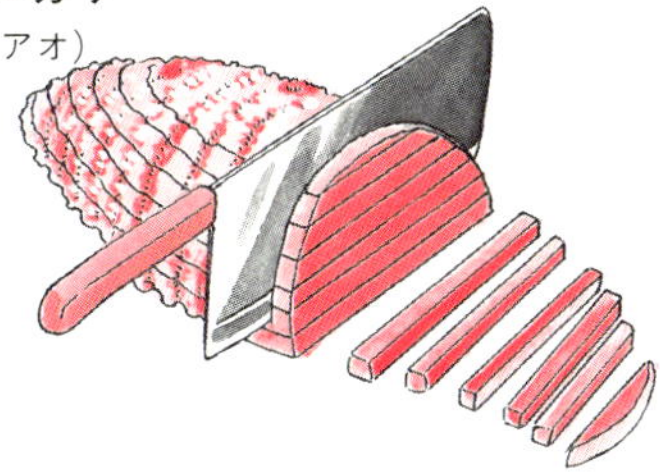

斜め切り
象眼(シアンイエン)

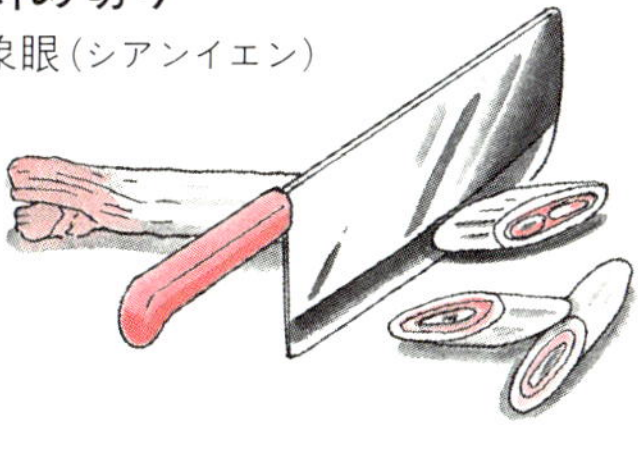

乱切り
馬耳(マーアル)

◆そぎ切り／薄切り

庖丁を斜めに寝かせ、薄くそぐように切るのがそぎ切り。薄切りは小口から輪切りにしたり、短冊状に切るなどいろいろな形がある。

◆ぶつ切り

野菜類のぶつ切りは「段《トアン》」といい、繊維を切断するように切る。また、ぶつ切りでも肉類などは「塊《コワイ》」と呼ばれている。

◆拍子木切り

長さ4～5㎝、幅1㎝ほどの角棒状に切り、炒め物や揚げ物の材料などに使われる。

◆斜め切り

ねぎやセロリなど細長い野菜を小口から斜めに切る。細長い眼に似た形から「象眼《シアンイエン》」という。

◆乱切り

材料を回しながら、斜めに切っていく。形が馬の耳に似ることから「馬耳《マーアル》」と呼ばれ、ピーマンなどの小さいものは、うさぎの耳に似せて「兎耳《トーアル》」という。

中華料理に欠かせない カンタン便利な調味料

材料の持ち味を生かして、中華の味をよりおいしく、ととのえる調味料として、本書でも使用しています。

味の素…………昆布、かつおぶし、しいたけのうまみをミックスした調味料で、材料の味を引き立て、中華料理をおいしく仕上げます。
（うまみ調味料）

ハイミー………味の素に貝のうまみをミックスした調味料。中華料理の微妙な味を、うまみたっぷりに、コクのある味にととのえます。
（うまみ調味料）

中華あじ………豚骨、鶏ガラと、数種の香味野菜のエキスに各種香辛料をブレンドしたもので、スープなどを手軽に作りたいときに便利。

知っておきたい 調味料の目分量

一般的に使われているカップ、大さじなどの単位は……

計量カップ／1カップ …………200cc（水の場合）
計量スプーン／大さじ1……………15cc（　〃　）
小さじ1…………… 5cc（　〃　）

◆計量用具がない場合は、身近なものを利用する。

コーヒースプーン＝約小さじ1弱
カレースプーン＝約大さじ2/3
玉杓子《たましゃくし》1回分＝約90cc
茶わん1杯＝約180cc

◆指先で覚えて、手早く作る。

2本の指で軽くひとつまみ………………約小さじ1/4
中指を添えて3本の指でつまむと………約小さじ1
4本の指でまとめてつまむと……………約大さじ1
軽くひと握りにすると……………………約大さじ2

PART I

炒《チャオ》

炒める

中華料理で最もポピュラーな調理法。鍋をよく熱して油をひき、強火で手早く仕上げる。火力が弱い家庭では、材料を半分ずつ分けて炒めるとシャキッと仕上がるよ。

シャキッとした歯ざわりと辛口ソースが決め手

青椒牛肉絲《チンジャオニュウロウスウ》

❖作り方

①**下味をつける**　牛肉（バター焼き用）はうまみを逃さないように、下味（水大さじ2、しょうゆ大さじ1、こしょう少々、重曹小さじ¼、片栗粉・サラダ油各大さじ1）をつけておく。

②**ソースを作る**　小さなボールにソースの材料を混ぜ合わせる。

③**牛肉を炒める**　鍋を熱して、牛肉をサラダ油大さじ3〜4で先に炒め、網じゃくしかジャーレンで余分な油をきる。

④**野菜を炒める**　サラダ油大さじ2で粗みじん切りのにんにく、しょうがを炒めて香りを出し、野菜にザーサイを加え火がとおるまで強火で炒める。

⑤**ソースで仕上げる**　④に酒大さじ1をふり、③の肉を入れ、②のソースを加えて炒め上げる。

ひとくちメモ

火のとおりにくい肉は先に下味をつけ、材料にザーサイを入れるとおいしくなるよ。

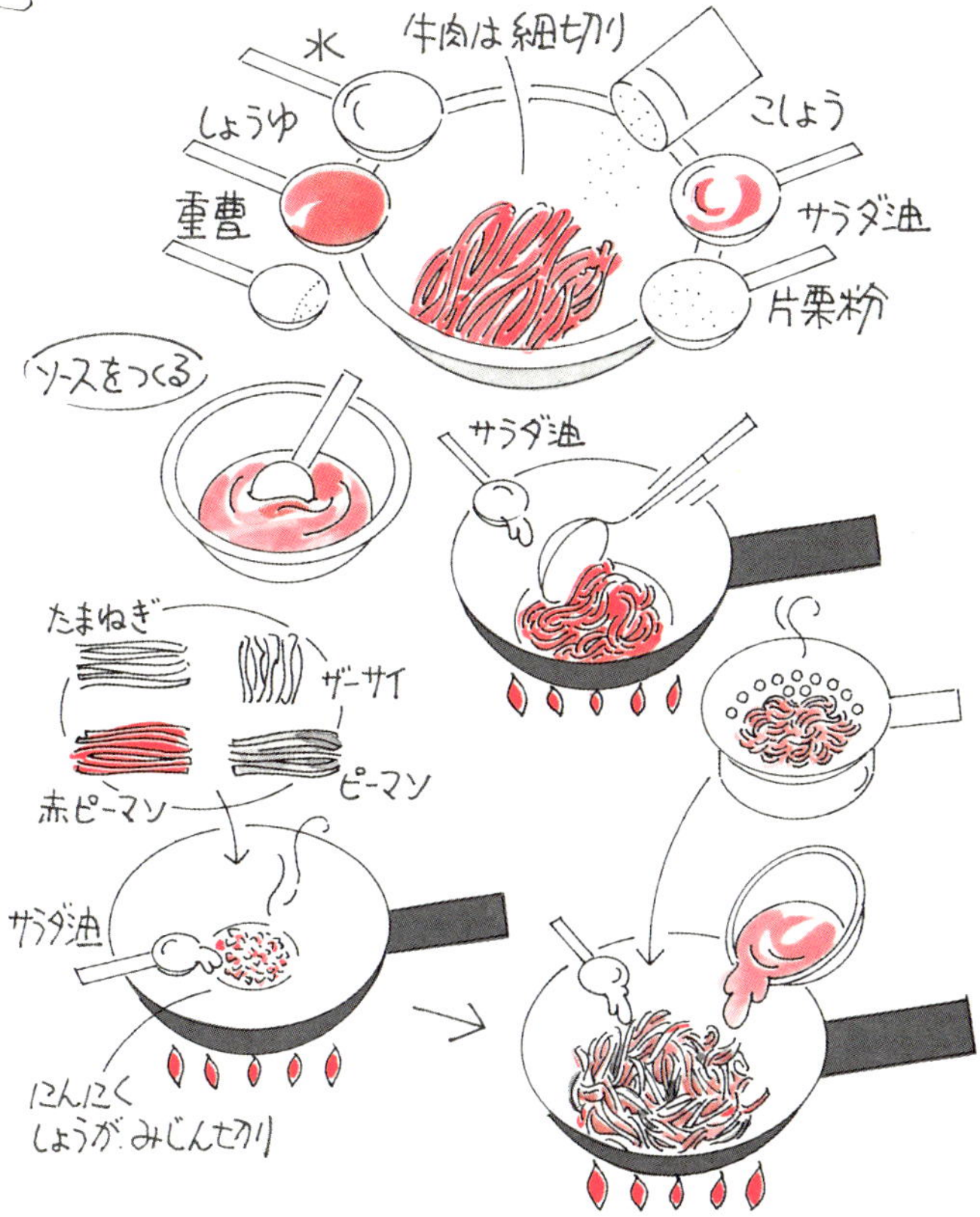

材料（4人前）

- 牛もも肉 ……………… 200g
- たまねぎ ……………… ½個
- 赤ピーマン …………… 1個
- ピーマン ……………… 2個
- ザーサイ ……………… 40g
- にんにく ……………… ½片
- しょうが ……………… 1片

ソース

湯大さじ2、しょうゆ大さじ1、うまみ調味料・こしょう各少々、砂糖小さじ1、かき油小さじ½、水溶き片栗粉大さじ1

●サラダ油・酒

材料のうまみを生かした定番メニューです

八宝菜

❖作り方

①魚介をゆでる　ほたて貝に下味（塩・こしょう・うまみ調味料・ごま油各少少、重曹小さじ⅓、卵白½個、片栗粉小さじ2、サラダ油大さじ1）をつけて、熱湯にサッと通す。

②豚肉を炒める　豚肉は一口大に切り、サラダ油大さじ3で炒め、油をきる。

③野菜を炒め煮る　野菜はそれぞれ食べやすい大きさに切り揃え、サラダ油大さじ2で炒め、湯カップ1、塩小さじ2でサッとゆで、水気をきる。

④ソースをつくる　ソースの材料を混ぜ合わせておく。

⑤炒め上げる　サラダ油大さじ2で、②とにんにく・しょうがを炒め、③と①を入れ、酒大さじ1をふり、④のソースを加えて炒め上げる。

ひとくちメモ

野菜は歯ごたえを残すようにゆでると、材料の味が出て、色鮮やかに仕上がるよ。

材料（4人前）

ほたて貝……………………4個
豚バラ肉 ……………………100g
干ししいたけ………………3枚
さやえんどう………………20枚
にんじん……………………2cm
セロリ………………………15cm
ゆでたけのこ………………1個
にんにく・しょうが…各1/2片

ソース
湯大さじ3、かき油大さじ4/5、しょうゆ大さじ1/2、砂糖・こしょう・うまみ調味料・ごま油各少々、水溶き片栗粉大さじ1

●サラダ油・酒

豆板醤のピリッとした辛口で本格的な味に

なすとひき肉の辛み炒め

❖作り方

①下味をつける　豚ひき肉は塩、こしょう、うまみ調味料各少々、片栗粉大さじ1、卵1個で下味をつける。

②なすを揚げる　なすはヘタをとり、皮を間隔おいて残しながら縦に四つ切りにし、180度の油でサッと揚げる。

③豚肉を炒める　油大さじ2で①の肉をぽろぽろに炒め、みじん切りの赤ピーマンとにんにく・しょうがを入れて炒め、豆板醤《トウバンジャン》を加えて香りよく炒める。

④みそを加える　八丁みそと②のなすを入れて、サッと炒め、合わせ調味料Aを加えて軽く煮る。

⑤仕上げ　ひと煮したところにBの調味料を加えて味をなじませ、ごま油少々をふりかけて風味をつけ、器に盛って小口切りのねぎを散らす。

ひとくちメモ

ひき肉は焼き目をつけて香ばしく炒め、なすはたっぷりめの油で揚げるのがコツ。

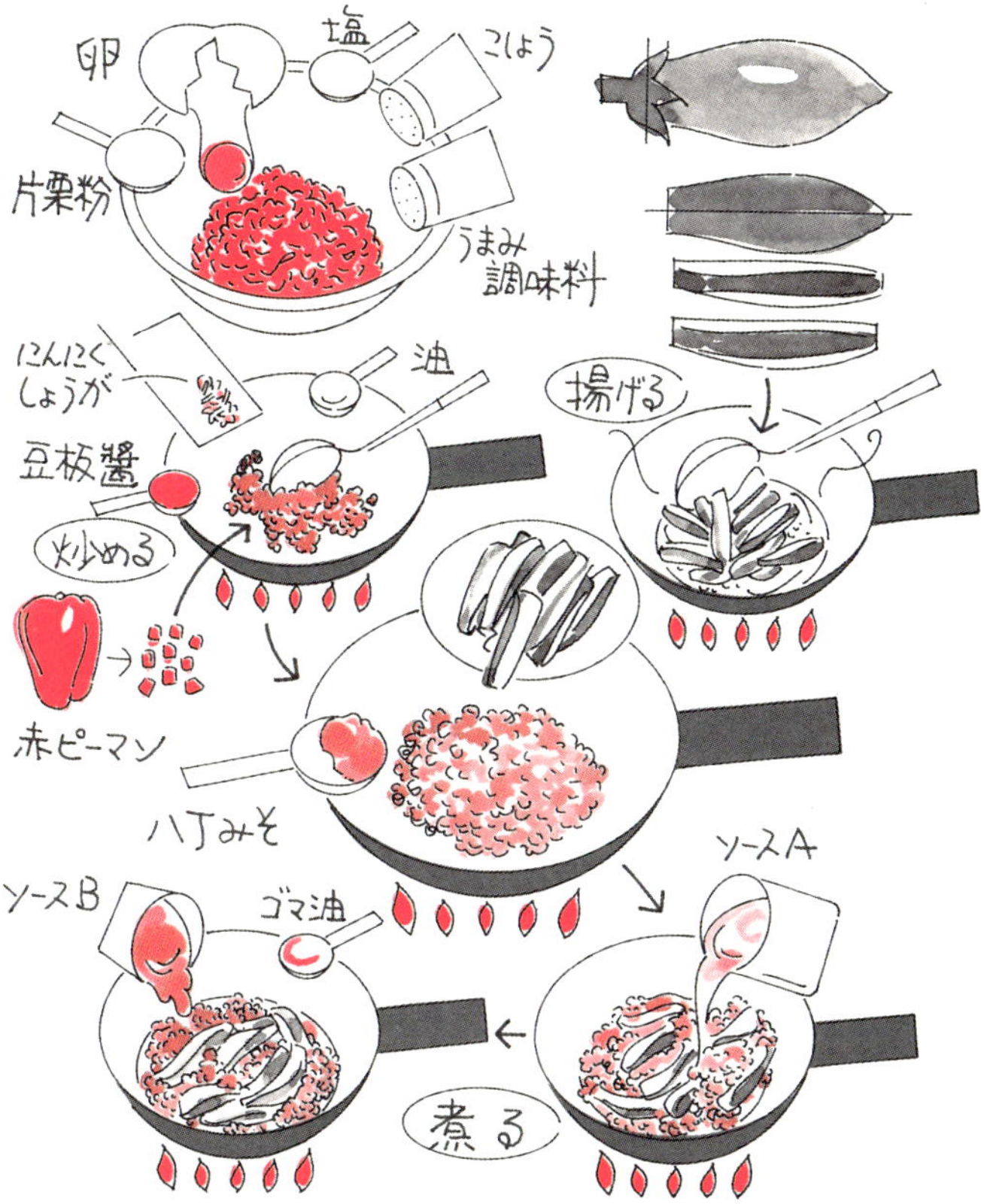

材料（4人前）

なす……………………… 4個
豚ひき肉 ………………150g
赤ピーマン………………½個
にんにく・しょうが…各½片
ねぎ……………………少々
豆板醬《トウバンジャン》……………小さじ1
八丁みそ…………大さじ½

合わせ調味料
A：酒大さじ1、スープカップ⅗（120cc）
B：しょうゆ大さじ1½、砂糖大さじ1、かき油小さじ1
●サラダ油・ごま油

新鮮な魚介類が入ったあっさり味が魅力

きゅうりの五目炒め

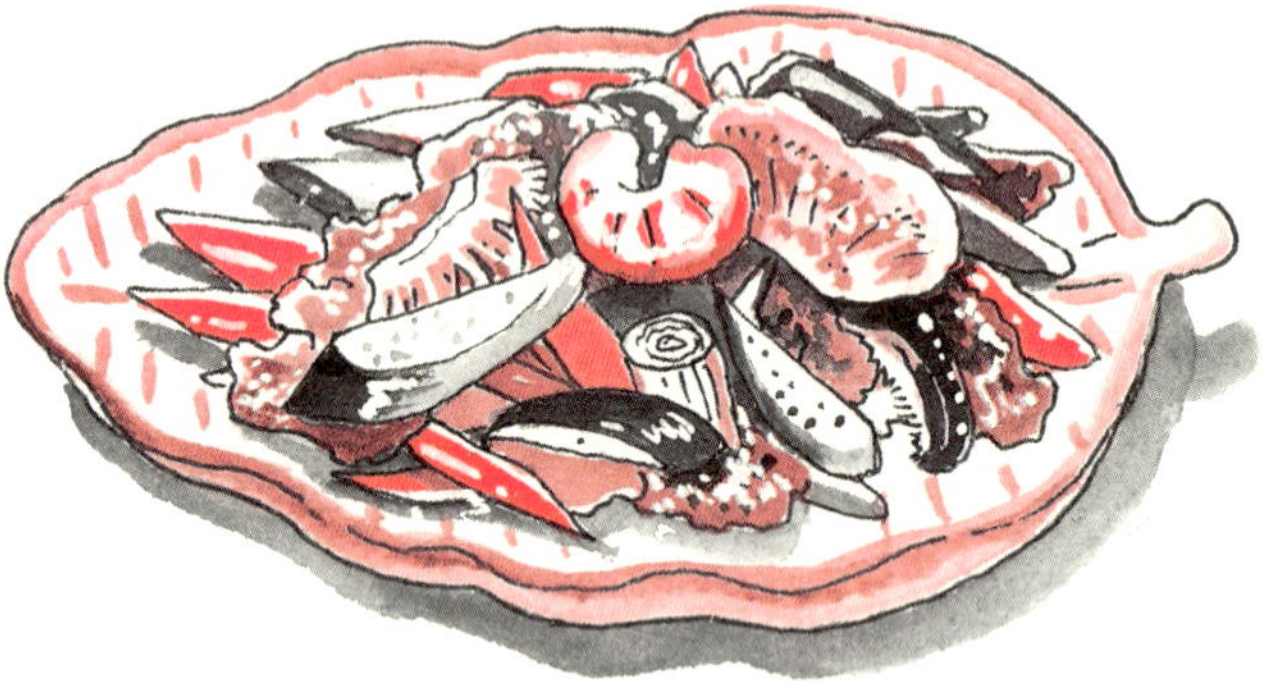

❖作り方

①下味をつける　えびといかは一緒に、豚肉は別に、下味（塩・こしょう・うまみ調味料・ごま油各少々、重曹小さじ⅓、卵白½個、片栗粉小さじ2、サラダ油大さじ1）をつける。

②下ゆでする　熱湯に酒を加えて、①の材料をサッとゆで、きゅうりとにんじんは、熱湯に塩、うまみ調味料、サラダ油を入れて、堅めにゆでる。

③調味料を合わせる　ボールに材料を混ぜ合わせておく。

④炒め合わせる　刻みねぎ、しょうが、にんにくを炒め、②と焼き豚を加えてサッと炒め合わせる。

⑤仕上げ　④に③の調味料を入れて軽く煮、水溶き片栗粉でとろみをつける。

ひとくちメモ

海鮮を使った料理は、持ち味を生かしてあっさり仕上げるのが香港流なんだ。

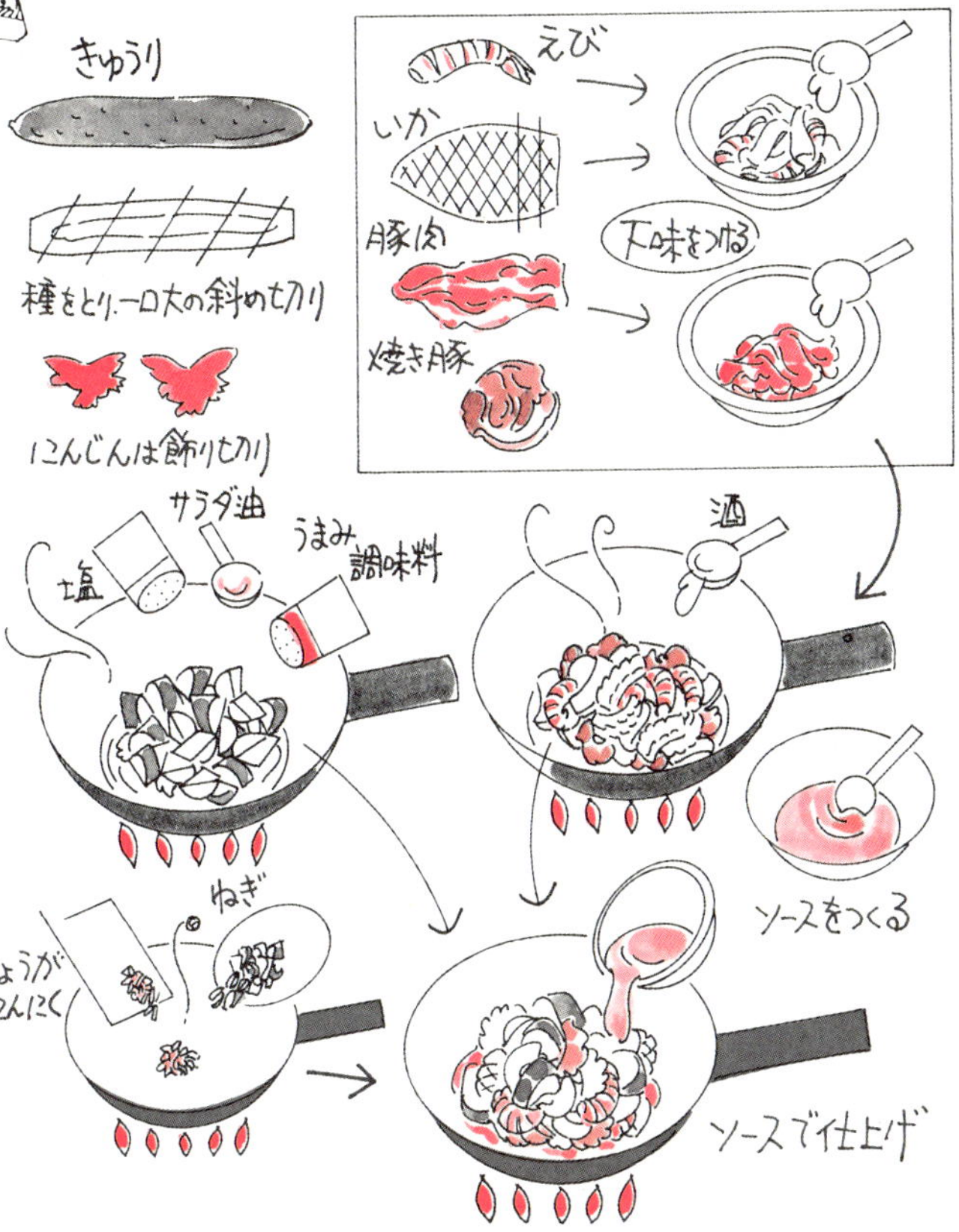

材料（4人前）

きゅうり……………………2本
えび……………………………4個
いか……………………………½枚
豚肉………………………20〜30g
焼き豚…………………4〜5枚
ねぎ……………………………½本
しょうが・にんにく…各½片
にんじん……………………2cm

合わせ調味料

塩・こしょう各少々、砂糖小さじ1、かき油大さじ½、ごま油・うまみ調味料各少々、片栗粉大さじ1、スープ大さじ2、しょうゆ大さじ1弱

●サラダ油・酒

レバーのクセを取り除いておいしさアップ

レバにら炒め

❖作り方

①臭みをとる　豚レバーは薄くそぎ切りにし、水に10分ほどさらして血抜きをしたあと、合わせ調味料Aを加えて臭い抜きをする。

②下ゆでをする　水気をきった①に片栗粉をまぶし、酒大さじ2を入れた熱湯でさっとゆで、ザルに上げる。

③野菜を切る　しいたけは小口大に、にらは5㎝に、ねぎは2㎝の長さにぶつ切りにする。

④レバーを炒める　油大さじ1でねぎと粗みじん切りのしょうがを炒め、②のレバーを入れて強火で手早く炒める。

⑤仕上げ　④に③のしいたけとにらを入れ、調味料Bを加えて炒め合わせ、ごま油小さじ1、水溶き片栗粉大さじ1を加えて混ぜる。

ひとくちメモ

レバーは酒としょうがで臭みを消し、血抜きするときは水につけすぎないように。

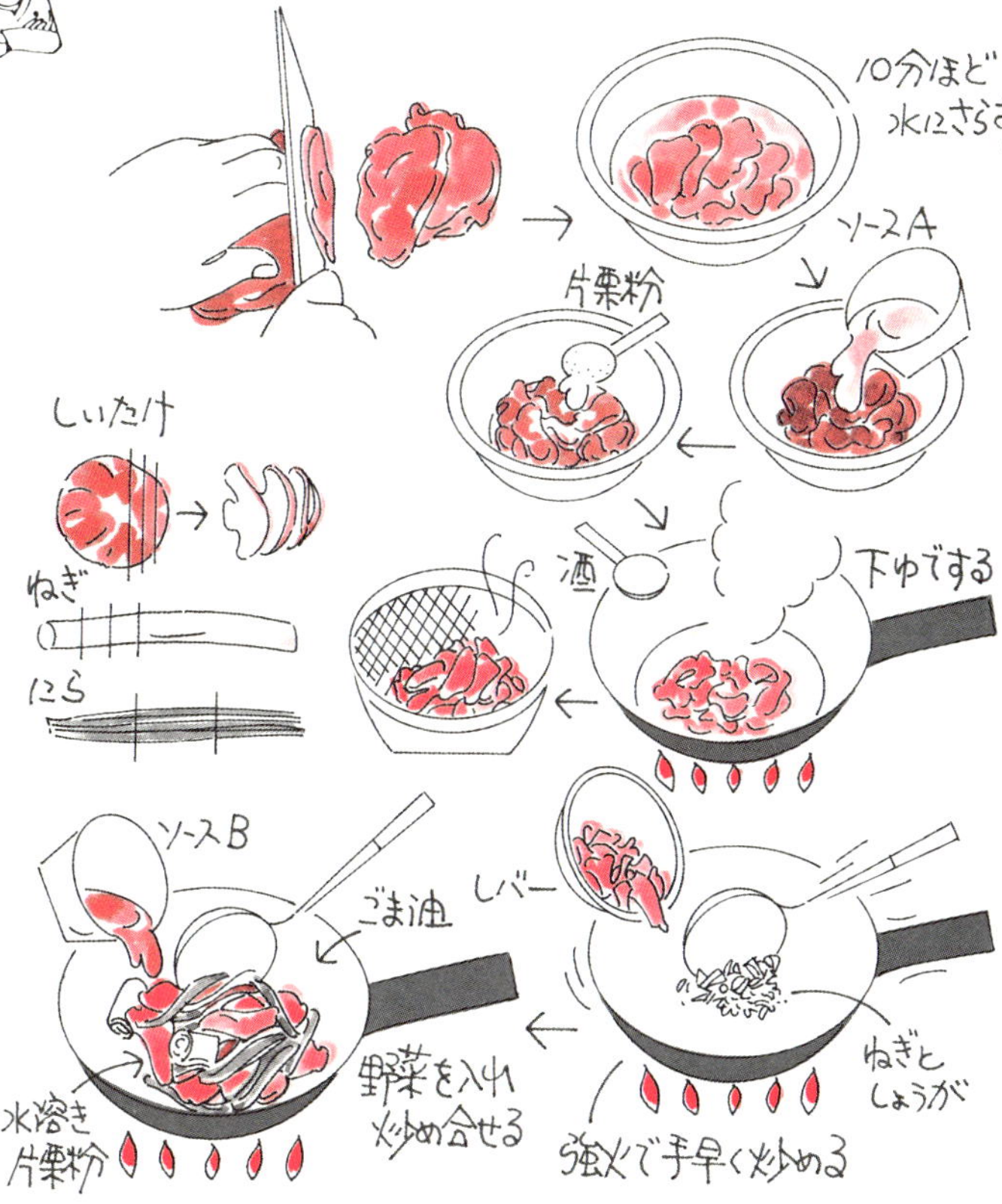

❖材料（4人前）

にら …………………… ½ワ
豚レバー…………………… 200 g
生しいたけ……………… 2 個
ねぎ…………………………½本
にんにく・しょうが…各少々
合わせ調味料
A：おろししょうが1片、酒大さじ1
B：酒大さじ1、しょうゆ大さじ2、砂糖大さじ1弱、かき油小さじ1、塩・こしょう・うまみ調味料各少々
●サラダ油・片栗粉・ごま油

うま味たっぷりとスパイスにもこだわって

きのこと牛肉の沙茶醤炒め

❖作り方

①**下味をつける**　牛肉は一口大に切って、下味（水大さじ2、しょうゆ大さじ1、うまみ調味料・塩各少々、重曹小さじ¼、片栗粉大さじ1弱、サラダ油大さじ1）をつける。

②**野菜を炒め煮る**　きのこ、にんじん、いんげんは一緒に、サラダ油大さじ1でサッと炒め、湯カップ1と塩少々を加えてサッとゆで、水気をきる。

③**合わせ調味料をつくる**　材料を混ぜ合わせておく。

④**肉を炒める**　サラダ油大さじ1でにんにく、しょうがを炒め、①の肉と沙茶《シャーチャー》醤《ジャン》を加えて香りよく炒める。

⑤**仕上げ**　④に②の野菜を加えて酒大さじ1をふって炒め、最後に③の調味料を加えて炒め上げる。

ひとくちメモ

きのこは有りあわせや好みのものでいいよ。
沙茶醤はバーベキュー味なので鉄板焼もＯＫ！

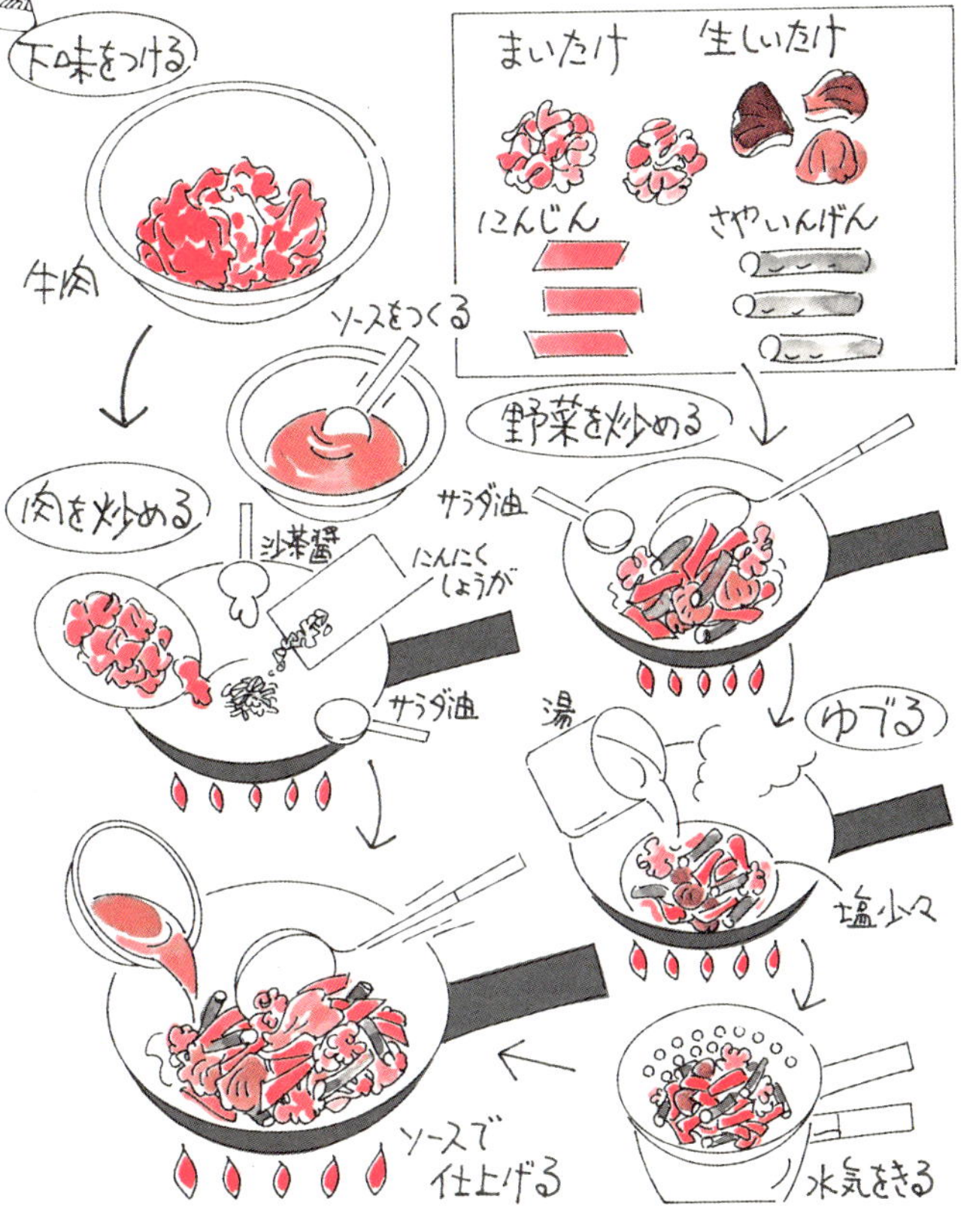

材料（4人前）

きのこ（生しいたけ、まいたけなど）……………… 250ｇ
牛もも肉……………… 200ｇ
にんじん……………………少々
さやいんげん……………… 4 本
にんにく・しょうが…各½片
沙茶醤《シャーチャージャン》………………大さじ 1

合わせ調味料
湯大さじ 2、しょうゆ大さじ 1½、砂糖大さじ 1 弱、かき油小さじ 1、こしょう・うまみ調味料各少々、水溶き片栗粉大さじ 1

●サラダ油・塩・酒

みそ風味をきかせてシャキッと仕上げる

キャベツと豚肉のみそ炒め

❖作り方

①野菜をゆでる　キャベツと2種類のピーマンは一口大に切り、サラダ油大さじ1で炒めて、湯カップ2、塩小さじ1を加え、しんなりする程度に堅めにゆでてザルに取る。

②豚肉を炒める　豚バラ肉は一口大の薄切りにして、サラダ油大さじ1で焼き色がつくまで炒め、油をきる。

③調味料を合わせる　材料を混ぜておく。

④香味野菜を炒める　サラダ油大さじ2でにんにく・しょうがのみじん切りを炒め、②を入れてサッと炒めたところに、甜面醬《テンメンジャン》と豆板醬を加えて香りよく炒める。

⑤仕上げ　④に①を入れ、③の調味料で味をととのえて全体をよく炒め合わせ、水溶き片栗粉でとろみをつける。

ひとくちメモ

豚バラ肉は下味をつけずに香ばしく炒め、キャベツはゆですぎずに歯ざわりを残して。

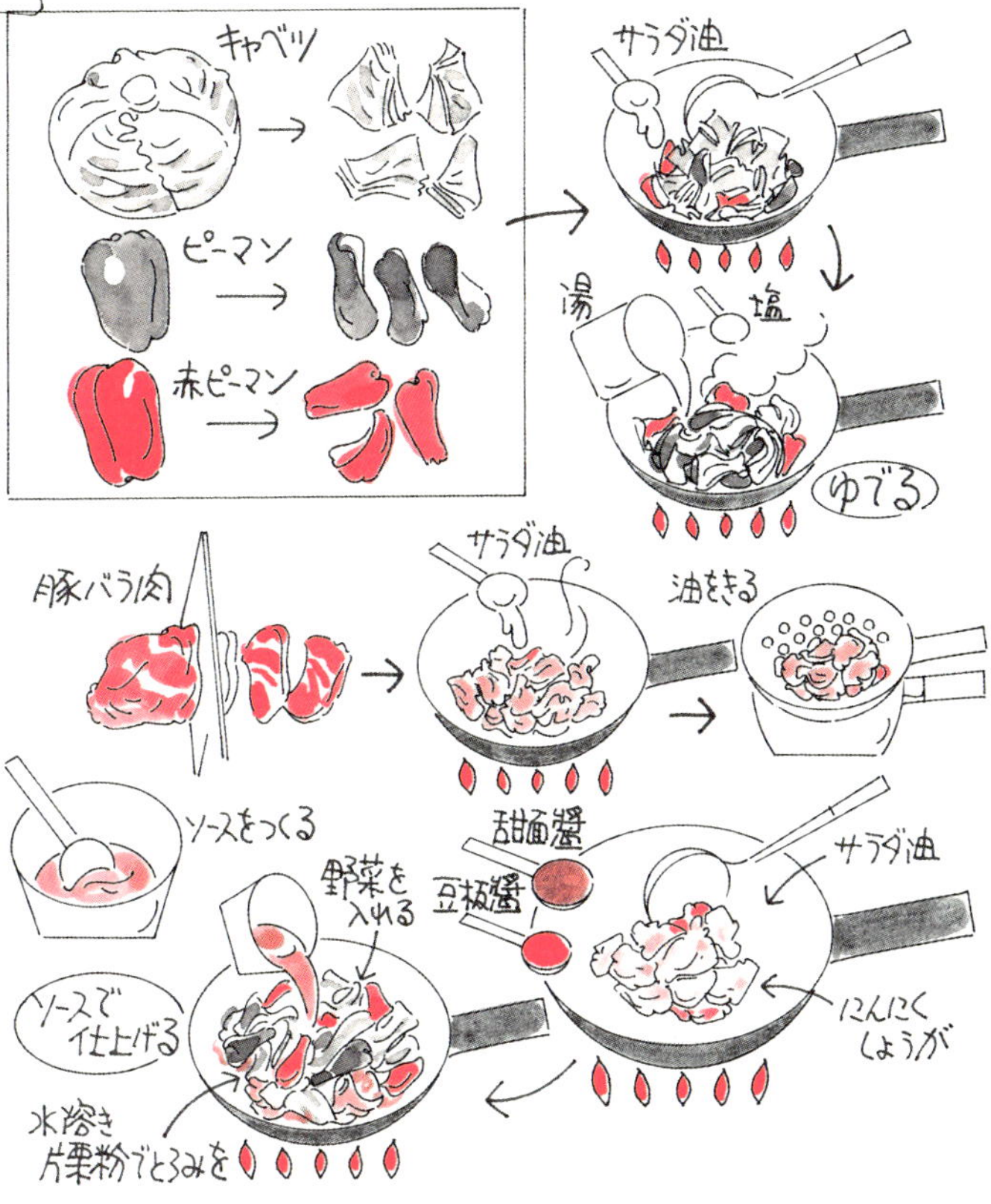

キャベツ
ピーマン
赤ピーマン
サラダ油
湯
塩
ゆでる
豚バラ肉
サラダ油
油をきる
ソースをつくる
甜面醤
豆板醤
サラダ油
野菜を入れる
にんにく
しょうが
ソースで仕上げる
水溶き片栗粉でとろみを

材料（4人前）

- キャベツ ……………………300g
- 豚バラ肉 ……………………150g
- ピーマン・赤ピーマン各1個
- ねぎ……………………………10cm
- しょうが・にんにく…各½片
- 甜面醤《テンメンジャン》 …………大さじ2強
- 豆板醤《トウバンジャン》 ……………小さじ1
- 合わせ調味料
  酒大さじ1、しょうゆ砂糖各大さじ1弱、うまみ調味料少々
- ●サラダ油・塩・片栗粉

辛味みそが豆腐になじんだ定番メニュー

麻婆豆腐

❖作り方

①**豆腐をゆでる**　豆腐は塩ゆでにし、一口大の三角形に切り、水気をきる。

②**ソースをつくる**　材料をボールに入れ、混ぜ合わせておく。

③**香味野菜を炒める**　サラダ油大さじ2で、ねぎとにんにく、しょうがのみじん切りを炒め、香りが出たところに、豆板醬を混ぜてサッと炒める。

④**豚肉を炒める**　豚ひき肉を加えてぽろぽろになるまで炒め、②をよく溶いて一気に入れ、大きく混ぜ合わせる。

⑤**ソースで煮込む**　④に水気をきった豆腐を加えて煮込み、八分どおり火が通ったら、水溶き片栗粉でとろみをつけ、みじん切りにした赤ピーマンとピーマンを上にふりかける。

ひとくちメモ

麻婆ソースは濃いめの味なので、豆腐や春雨などの味のない材料に向くんだよ。

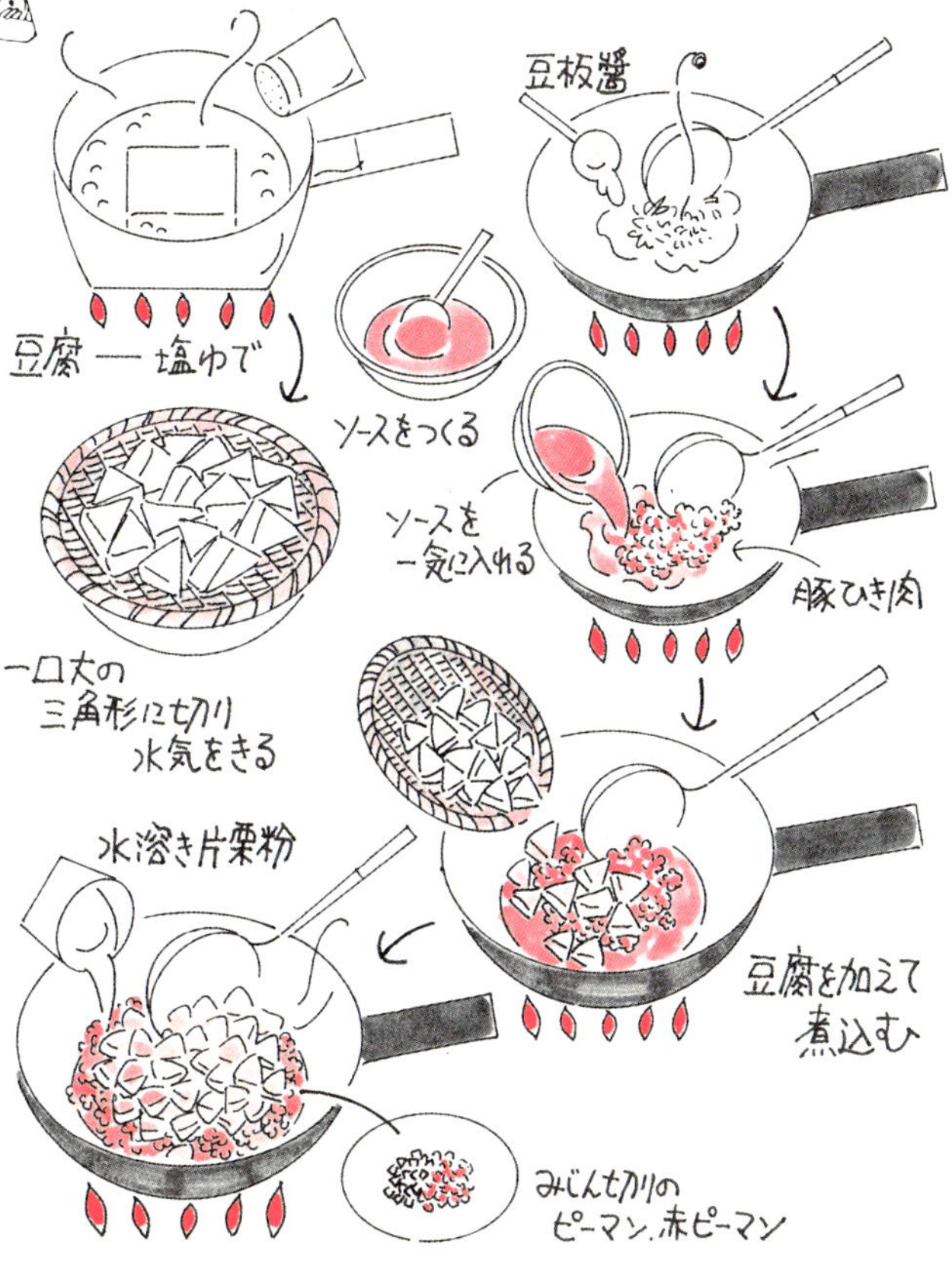

豆板醤
豆腐 ── 塩ゆで
ソースをつくる
ソースを
一気に入れる
豚ひき肉
一口大の
三角形に切り
水気をきる
水溶き片栗粉
豆腐を加えて
煮込む
みじん切りの
ピーマン、赤ピーマン

材料（4人前）

木綿豆腐……………………1½丁
豚ひき肉…………………150g
ねぎ…………………………⅓本
にんにく・しょうが（みじん切り）……………各小さじ1
ピーマン・赤ピーマン（みじん切り）…………各大さじ1
豆板醤…………………大さじ1

ソース
　赤みそ・砂糖各大さじ1、しょうゆ大さじ2、スープカップ1、うまみ調味料少々
水溶き片栗粉………大さじ2
●サラダ油・塩

彩り鮮やかにスピーディに炒め上げる

グリンピースと芝えびの炒め物

❖作り方

①**下味をつける**　芝えびは背わたと殻を取り、下味（塩・こしょう・うまみ調味料・ごま油各少々、重曹小さじ¼、卵白⅓個、片栗粉小さじ1、サラダ油小さじ2）をつける。

②**調味料を合わせる**　材料を混ぜ合わせておく。

③**野菜を炒めゆでる**　生しいたけは一口大に切り、グリーンピースとサラダ油大さじ1で炒め、サラダ油と塩を加えた熱湯でサッとゆでて、水気をきる。

④**えびを下ゆでする**　熱湯に酒を加えて①をサッとゆでて、水気をきる。

⑤**仕上げ**　サラダ油大さじ1を熱して、ねぎ、にんにく、しょうがを炒めて香りを出し、③と④を加えて炒め、②を一気に流し入れて手早く炒め上げる。

ひとくちメモ

えびは高温の油でサッと油通しするのがプロのやり方。家庭では熱湯に通す方が安全。色鮮やかに仕上がるよ。

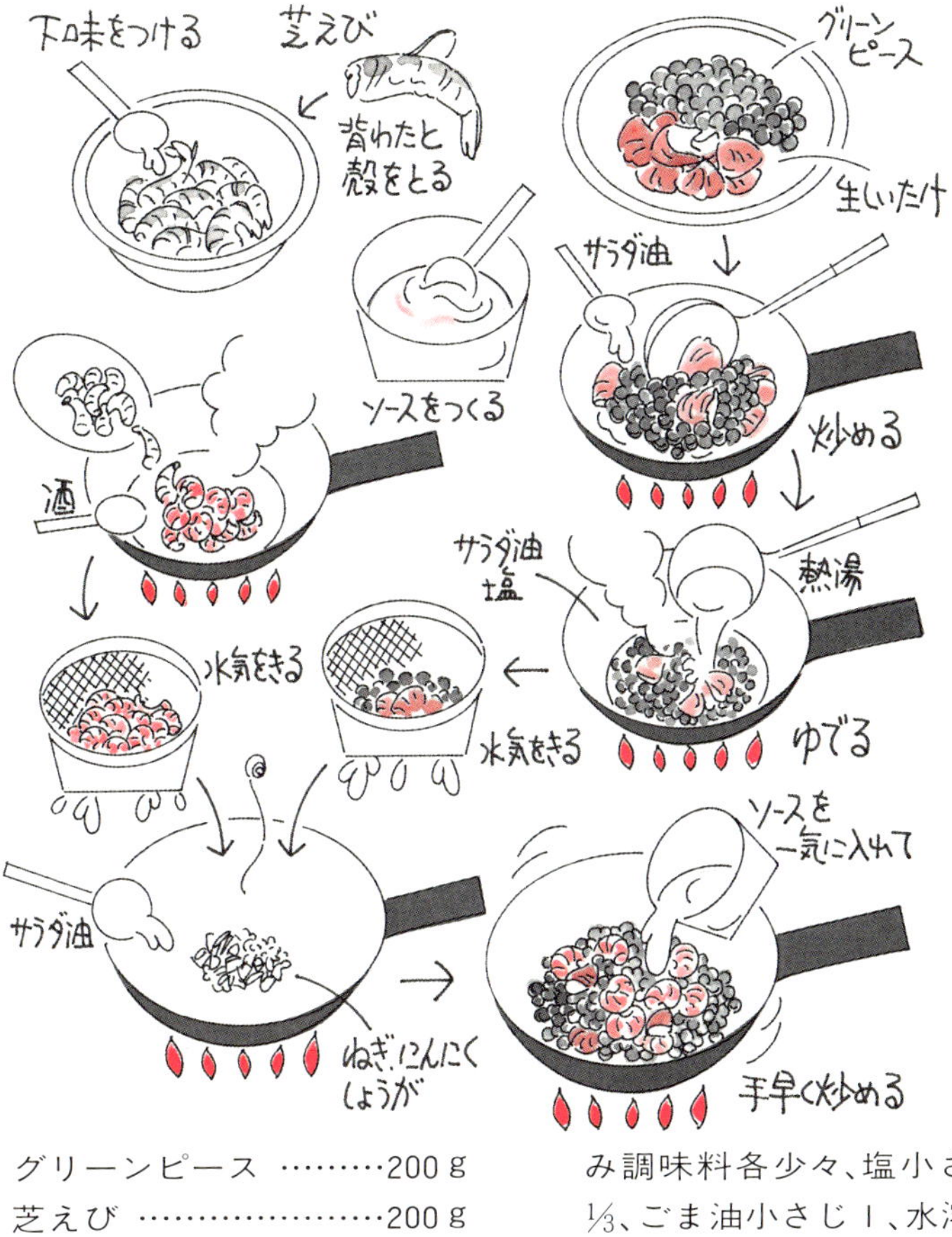

材料(4人前)

- グリーンピース ………200g
- 芝えび ………………200g
- ねぎ……………………½本
- 生しいたけ……………2個
- しょうが・にんにく…各½片
- 合わせ調味料
  湯大さじ2、こしょう・うま み調味料各少々、塩小さじ⅓、ごま油小さじ1、水溶き片栗粉大さじ1弱
- ●サラダ油・塩・酒

シコシコした歯ごたえのよさを味わう

カリフラワーといかの炒め物

❖作り方

①下味をつける　いかは表面に格子の切り目を入れて一口大に切り、下味（塩・こしょう・うまみ調味料・ごま油各少々、重曹小さじ¼、卵白⅓個、片栗粉小さじ1、サラダ油小さじ2）をつけておく。

②調味料を合わせる　材料をボールに入れ、よく混ぜ合わせておく。

③カリフラワーをゆでる　小房に分けたあと、サラダ油と塩を加えた熱湯で堅ゆでにし、水気をきる。

④いかを湯通す　③のあとのゆで汁に酒を加え、①をサッとくぐらす。

⑤仕上げ　サラダ油大さじ1でねぎ、にんにく、しょうがを炒め、角切りのピーマン2種と③を入れて炒め、④と②を加えてサッと手早く炒め上げる。

ひとくちメモ

いかやえびの冷凍物は、下味に重曹を加えると歯ごたえよく仕上がるよ。

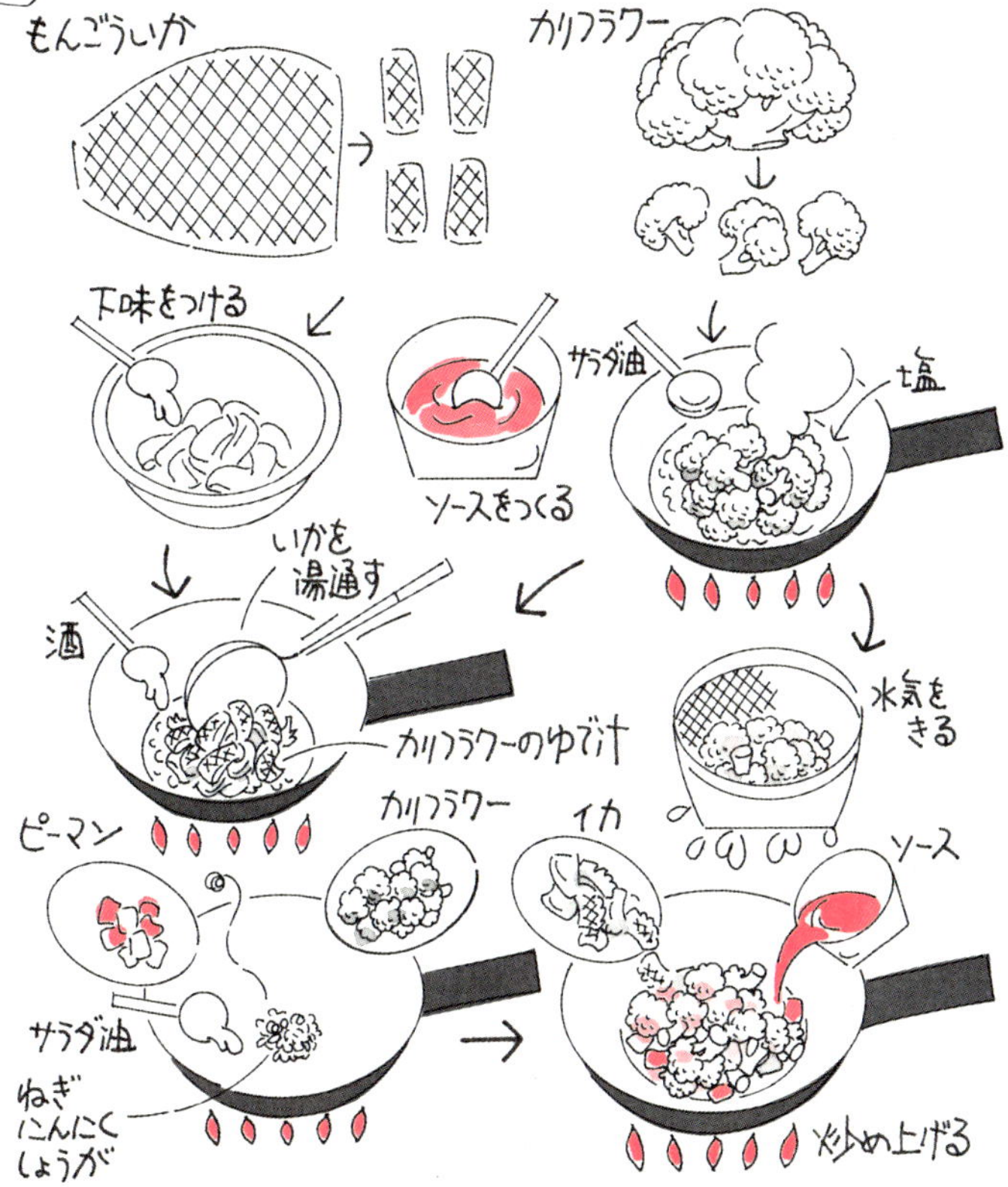

もんごういか
カリフラワー
下味をつける
ソースをつくる
サラダ油
塩
いかを湯通す
酒
カリフラワーのゆで汁
水気をきる
ピーマン
カリフラワー
イカ
ソース
サラダ油
ねぎ
にんにく
しょうが
炒め上げる

材料（4人前）

カリフラワー …………250g
紋甲《もんこう》いか …………………200g
赤ピーマン・ピーマン
…………………………各½個
ねぎ……………………………⅓本
にんにく・しょうが…各½片
合わせ調味料
湯大さじ3、かき油・しょうゆ各大さじ1、砂糖大さじ½、こしょう・豆板醤・ごま油各少々、水溶き片栗粉大さじ1
●サラダ油・塩・酒

スピーディに3分で仕上げるお手軽メニュー

にらと卵の炒め物

❖作り方

①**下ゆでをする**　にらは5㎝くらいの長さに切り、サラダ油大さじ1で軽く炒め、湯カップ½、塩少々を加えてサッとゆでる。

②**溶き卵をつくる**　卵はボールに入れて割りほぐし、合わせ調味料（好みで薄口しょうゆ小さじ½を加えて）を入れてよく混ぜる。

③**野菜を加える**　②にみじん切りのねぎと①を加え、手早くからませる。

④**強火で炒める**　中華鍋をよく熱し、うす煙りが立ったらサラダ油大さじ3を入れ、③の卵を一気に流し込む。

⑤**半熟に仕上げる**　④にサラダ油大さじ2を2回に分けて足しながら、大きく混ぜ合わせ、ふんわりと半熟程度に炒め上げる。

ひとくちメモ

卵をふわっと炒めるには、多めの油を使うこと。ごま油を下味に入れてもおいしいよ。

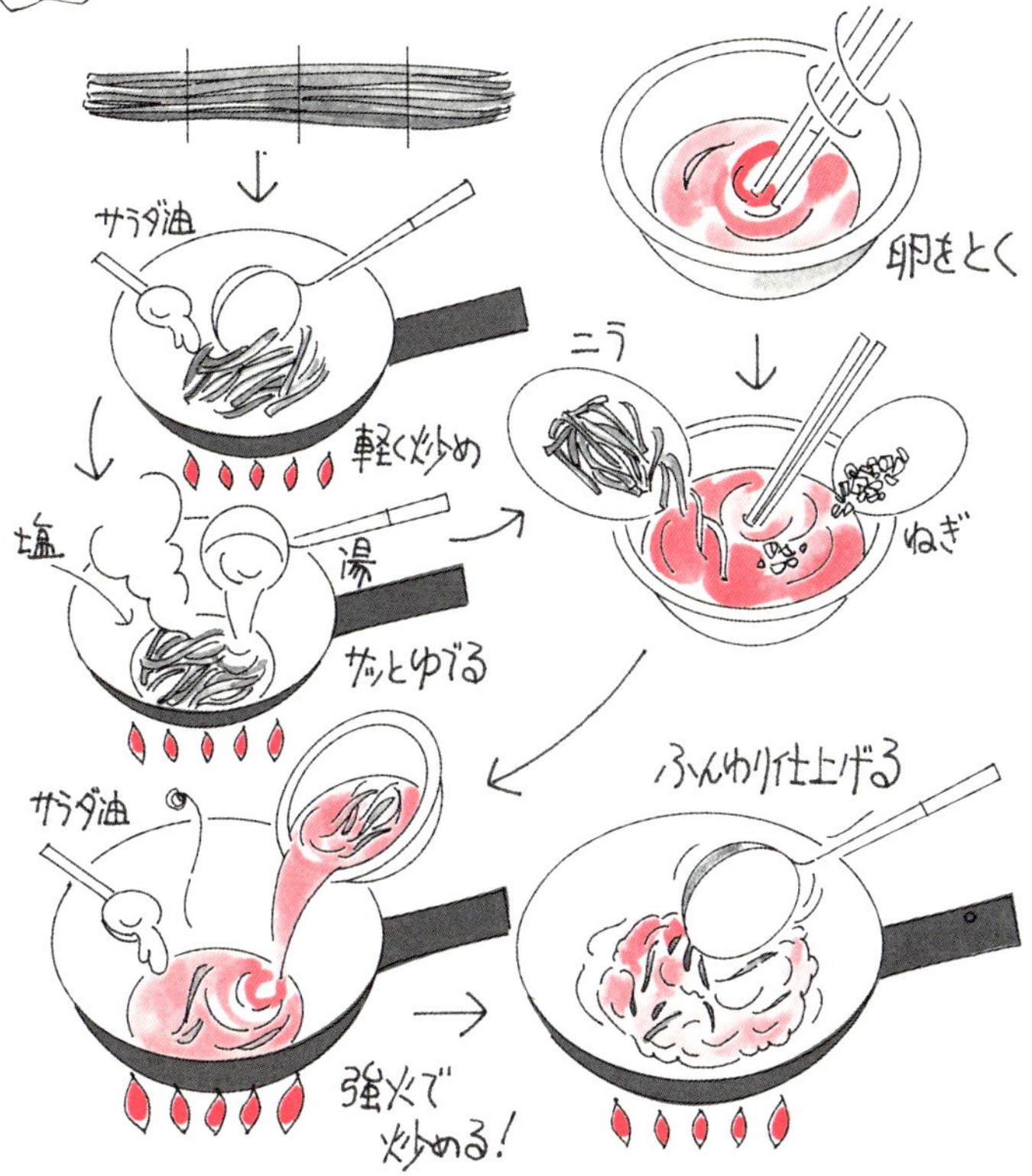

サラダ油
軽く炒め
卵をとく
ニラ
ねぎ
塩
湯
サッとゆでる
ふんわり仕上げる
サラダ油
強火で炒める!

材料（4人前）

にら……………………………½ワ
卵……………………………… 6個
ねぎ（みじん切り）
　……………………………大さじ1

合わせ調味料
　塩小さじ1弱、うまみ調味料・こしょう・ごま油各少々
●サラダ油・塩

知っておきたい中華料理のポイント1

下味のつけ方

下味は野菜や煮込む素材にはつけないが、炒め物などの調理では、おいしさを引き出すために肉類や魚介類につけておく。これ、下ごしらえの基本だよ。

肉類

①塩、こしょう、うまみ調味料で味つけして、卵白を加えて混ぜる。牛肉には重曹と水を加えると堅くならないよ。

魚介類

①冷凍物は、塩、こしょう、うまみ調味料のほか、重曹を加える。魚の臭いを消したいときは酒やしょうが汁を加えて。

②下味や卵白が流れないように、片栗粉をまぶす。多く入れすぎると、だんご状になるので注意して入れること。

③サラダ油をふり入れて、手でよくつかみ混ぜる。全体をほぐすようにしておくと、油通しがしやすくなるんだ。

②卵白をまぶして口あたりよくし、うまみを逃さないように片栗粉をふっておく。えびは卵白をあとにしてもいいよ。

③サラダ油を全体に回しかけて、ほぐれやすくしておく。白身魚や鮮魚の大きいものはサラダ油を使わなくてもいい。

プロに学ぶ 調理テクニック 1

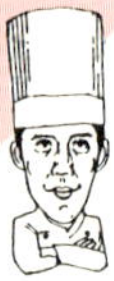

青菜の青くささをとばす

青菜を生のままで炒めると、青くささが残る。下ゆでして炒める方法もあるけど、これでは青菜がパサつく。そこで、僕が考えたのが、いったん〝炒めゆで〟して、炒める方法だ。

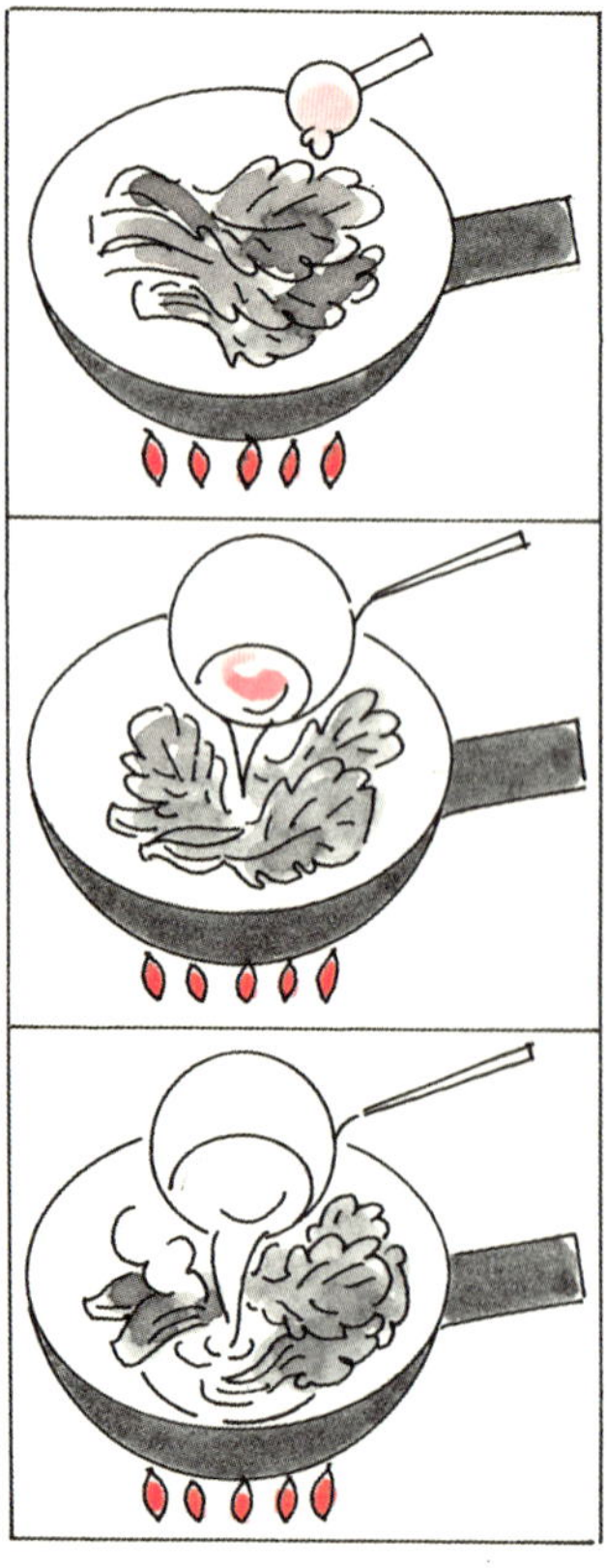

①中華鍋を十分熱して、油大さじ1を加えて、青菜をサッと炒める。

②手早く炒めて、油が全体にまわったら、塩と酒（日本酒か紹興酒）少々を回しかける。

③さらにスープ（湯でも可）カップ1を加えて、全体に火を通し、歯ごたえがなくならないうちにザルに上げる。

PART Ⅱ

焼《シャオ》・炸《チャ》

煮る
揚げる

中華料理で煮ることを焼《シャオ》といい、下ごしらえが味の決め手。炸《チャ》は揚げものの意で、たっぷりの油で揚げることが、おいしく仕上げるポイント。

材料の持ち味を生かして短時間で煮込む

たけのこと干ししいたけの煮物

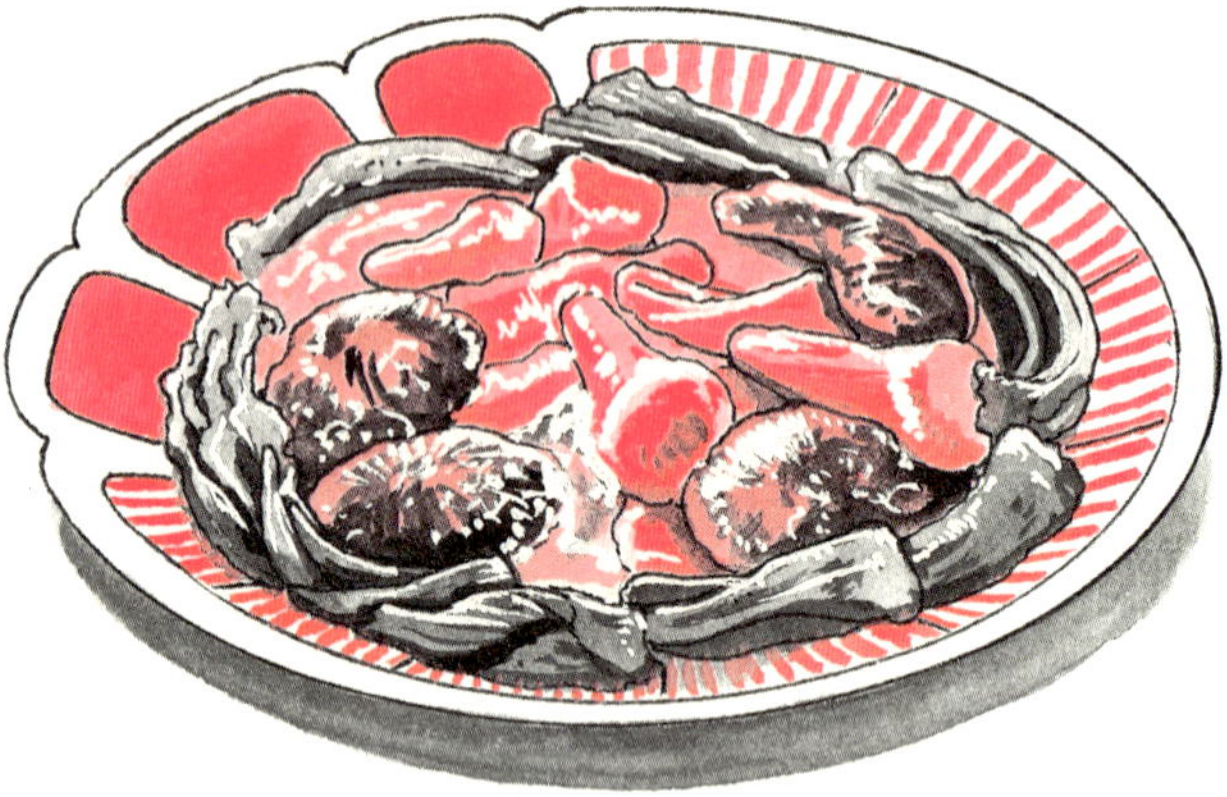

❖作り方

①材料をととのえる　干ししいたけはもどして石づきをとり、ゆでたけのこは6つくらいのくし型に切り、熱湯で1〜2分ゆでて臭みをとる。

②青梗菜をゆでる　葉先を切って太い茎を四つ割りにし、熱湯にサラダ油と塩少々を加え、歯ごたえを残すようにサッとゆでで、冷水につけて水気をきる。

③調味料を合わせる　材料を混ぜ合わせておく。

④野菜を煮込む　中華鍋にサラダ油少量を熱し、スープと酒を入れ、グツグツ煮立ったら①を加え、③の調味料で味つけをし、しばらく煮込む。

⑤仕上げ　④の味がなじんだら、水溶き片栗粉でとろみをつけ、ごま油をふりかけ、②を皿の周りにおいて盛る。

ひとくちメモ

ゆでたけのこは、しょうゆをからめて揚げてから煮ると、もっとおいしいよ。

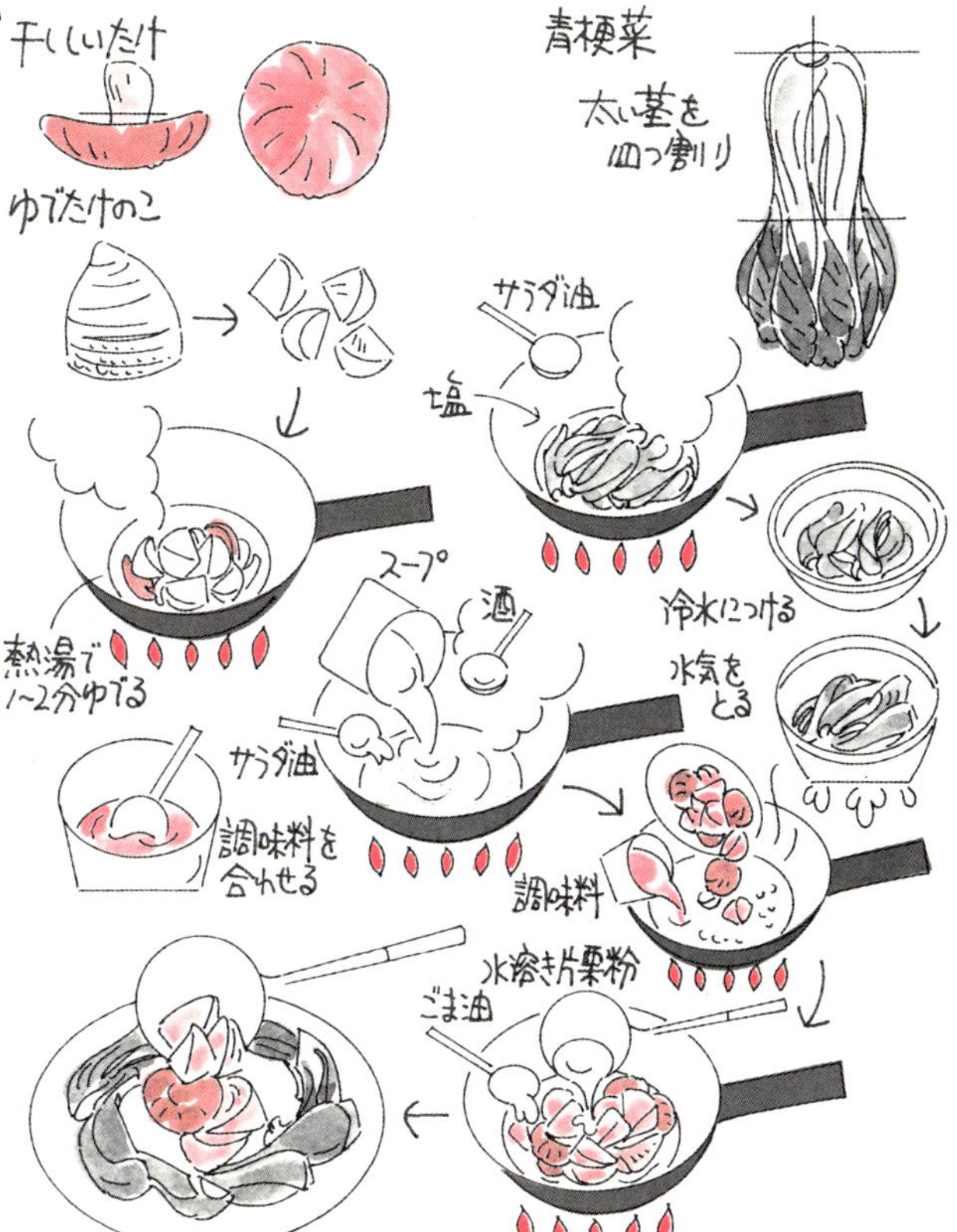

干ししいたけ
青梗菜
太い茎を
四つ割り
ゆでたけのこ
サラダ油
塩
熱湯で
1~2分ゆでる
スープ
酒
冷水につける
水気を
とる
サラダ油
調味料を
合わせる
調味料
水溶き片栗粉
ごま油

❖材料（4人前）

ゆでたけのこ………… 200g
干ししいたけ………5～6個
青梗菜………………………3株
スープ……………… ⅔カップ
酒…………………………大さじ1
合わせ調味料
　しょうゆ大さじ2、砂糖大さじ1、かきソース大さじ1、こしょう・うまみ調味料各少々
ごま油………………… 大さじ1
●サラダ油・塩・片栗粉

肉だんごの味を白菜にしみこませて……

白菜と肉だんごの煮物

❖作り方

①**肉だんごをつくる**　豚ひき肉に下味の材料を加えて、粘りが出るまでよく混ぜ、一口大に丸める。

②**油で揚げる**　揚げ油を高温(180度)に熱し、①のだんごを表面がきつね色になるまで揚げる。

③**白菜を下ゆでする**　縦に細く切った白菜をサラダ油大さじ1で炒め、湯カップ1と塩大さじ½を加えてひと煮させ、汁気をきっておく。

④**調味料を合わせる**　材料を混ぜ合わせておく。

⑤**煮込む**　サラダ油を熱してにんにく、しょうがを炒めて香りを出し、②と③を入れ、スープ、酒を加えて煮立て、④の調味料を入れて味がなじむまで煮て、水溶き片栗粉でとろみをつける。

ひとくちメモ

肉だんごは、表面がきつね色、中をしっとりした状態に、七分通り揚げること。

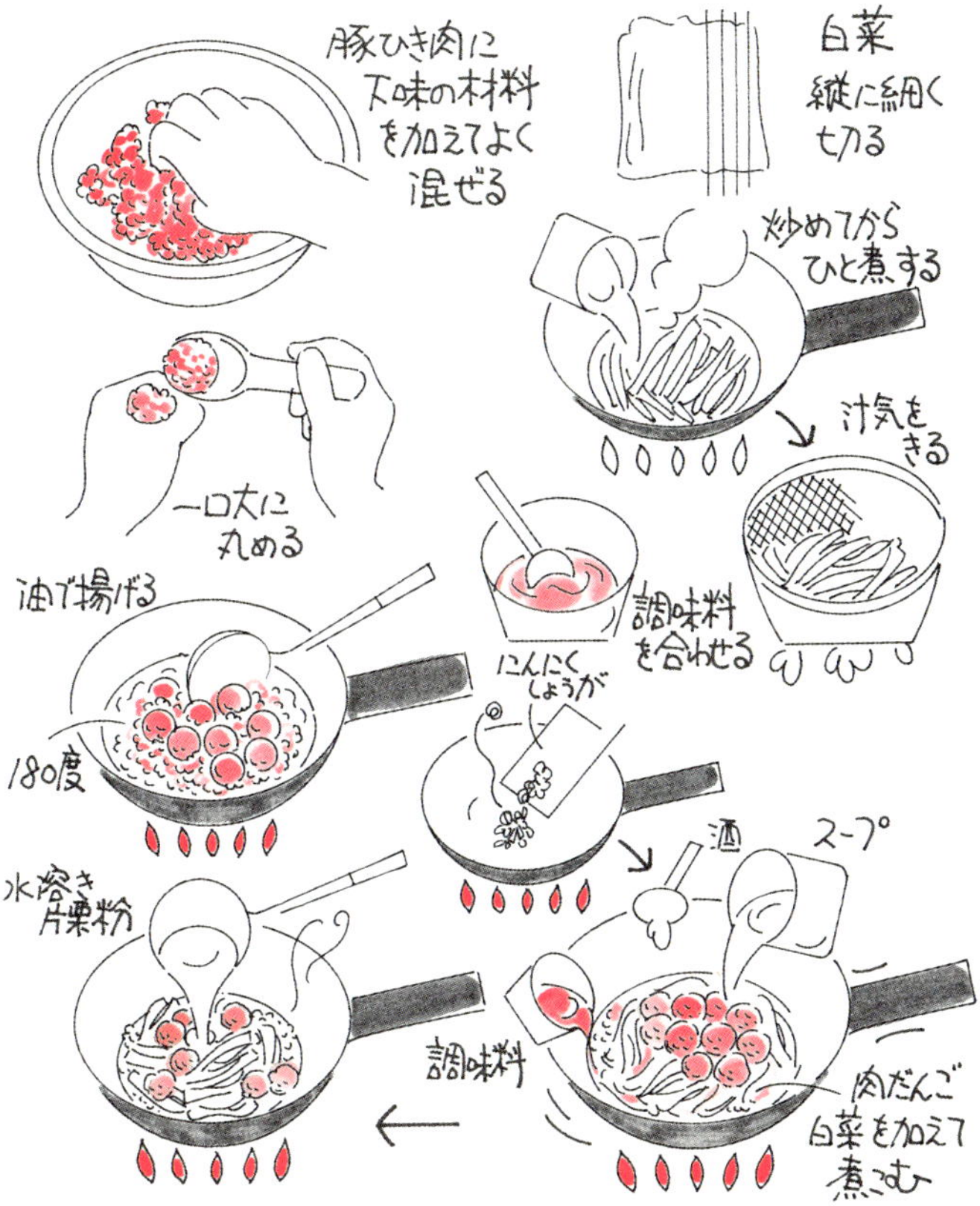

材料（4人前）

豚ひき肉……………… 350g
下味　卵1個、塩・こしょう・うまみ調味料各少々、しょうゆ大さじ½、片栗粉大さじ3
白菜（芯の部分）……… ½株
にんにく・しょうが…各少々
スープ …………… ⅔カップ
酒……………………大さじ1
合わせ調味料
　しょうゆ大さじ1½、砂糖小さじ1、かきソース大さじ½、塩・こしょう・うまみ調味料各少々
●サラダ油・酒・塩・片栗粉

甘みのある芯を使ってまろやかな味に

白菜のクリーム煮

❖作り方

①白菜を下ゆでする　白菜の芯は縦に八つくらいに切り、湯カップ3に塩大さじ1、サラダ油大さじ3を入れて、柔らかくなるまでゆで、水気をきる。

②ハムを焼く　ハムはサラダ油少量でカリカリに焼き上げ、みじん切りにする。

③スープの味つけをする　中華鍋にサラダ油大さじ1を熱し、スープを入れて沸騰させ、塩小さじ⅓、うまみ調味料・こしょう各少々で味つけをする。

④白菜を煮込む　③に①の白菜を入れ、生クリームとバターを加えてひと煮させ、水溶き片栗粉大さじ1でとろみをつける。

⑤盛りつける　白菜を皿に盛って、煮汁をかけ、②をふりかけて、アツアツのうちに食べる。

ひとくちメモ

生クリームの代わりにエバミルクを使うと早くできるよ。
煮込むときは中火以下で。

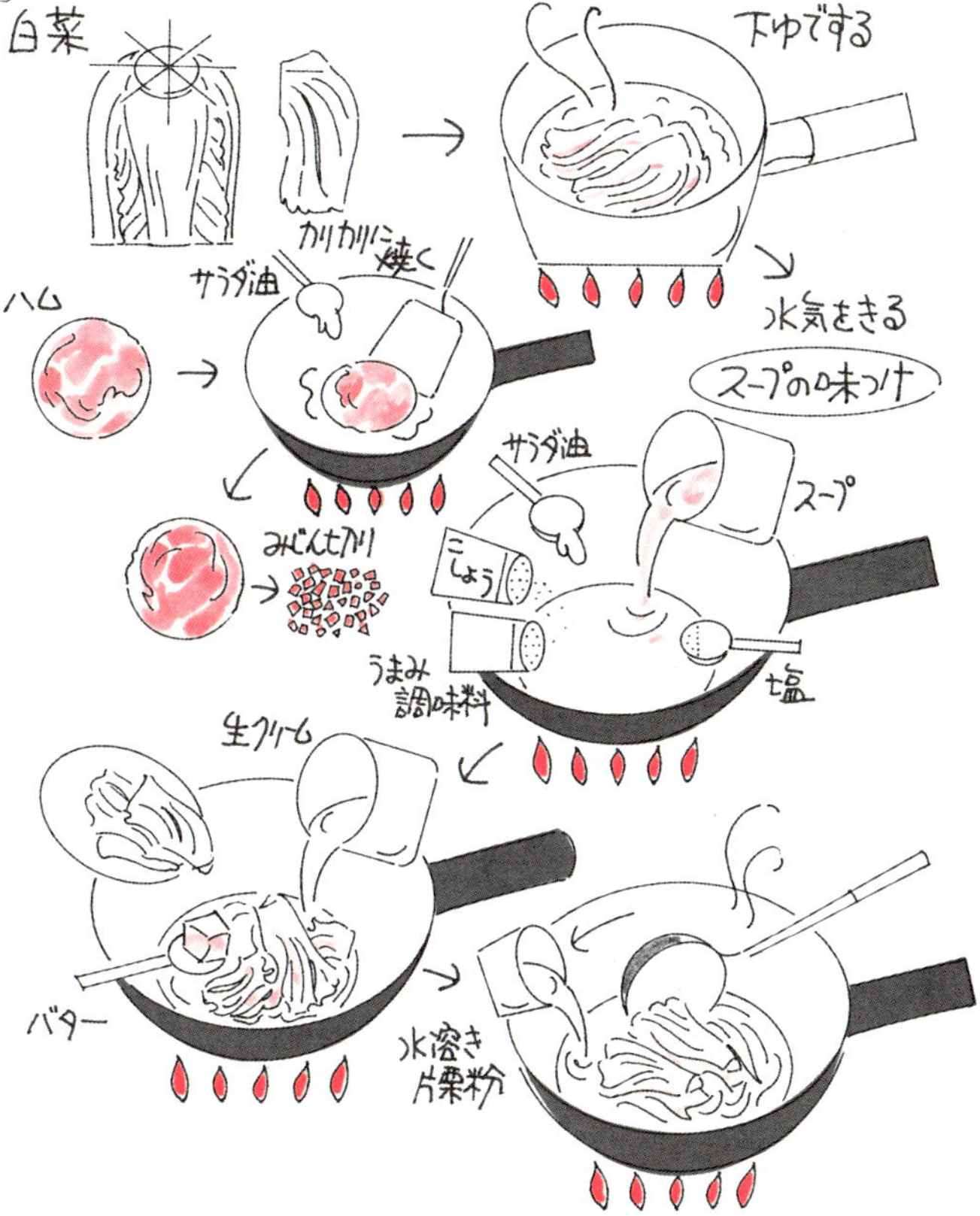

材料（4人前）

白菜（芯の部分）…………1株
サラダ油……………大さじ3
スープ…………… $1\frac{1}{2}$ カップ
塩…………………大さじ1
生クリーム………… $\frac{2}{5}$ カップ
バター………………大さじ1
ハム……………………1枚
うまみ調味料・こしょう……
……………………各少々
●サラダ油・片栗粉・塩

煮汁がしみこんだ春雨がおいしい

白菜と春雨の干しえび煮

作り方

①材料をもどす　春雨はやや熱めの湯につけてもどし、食べやすい長さに切る。干しえびは水洗いし、水にしばらくつけてもどす。

②白菜をゆでる　葉の白い軸部分を縦に食べやすい大きさに短冊に切り、塩とサラダ油を加えた熱湯で七分通りゆで汁気をきっておく。

③野菜を切り揃える　生しいたけは細切り、にんじんはせん切りにする。

④調味料を合わせる　材料を合わせる。

⑤材料を炒める　サラダ油大さじ1を熱し、①の干しえびを炒めて香りを出し、②と③を加えて炒める。

⑥中火で煮込む　④の調味料を加えてしばらく煮、春雨を加えて味をなじませ、水溶き片栗粉でとろみをつける。

ひとくちメモ

干しえびの香りやうまみを、野菜に移るように炒め合わせるのがコツ。

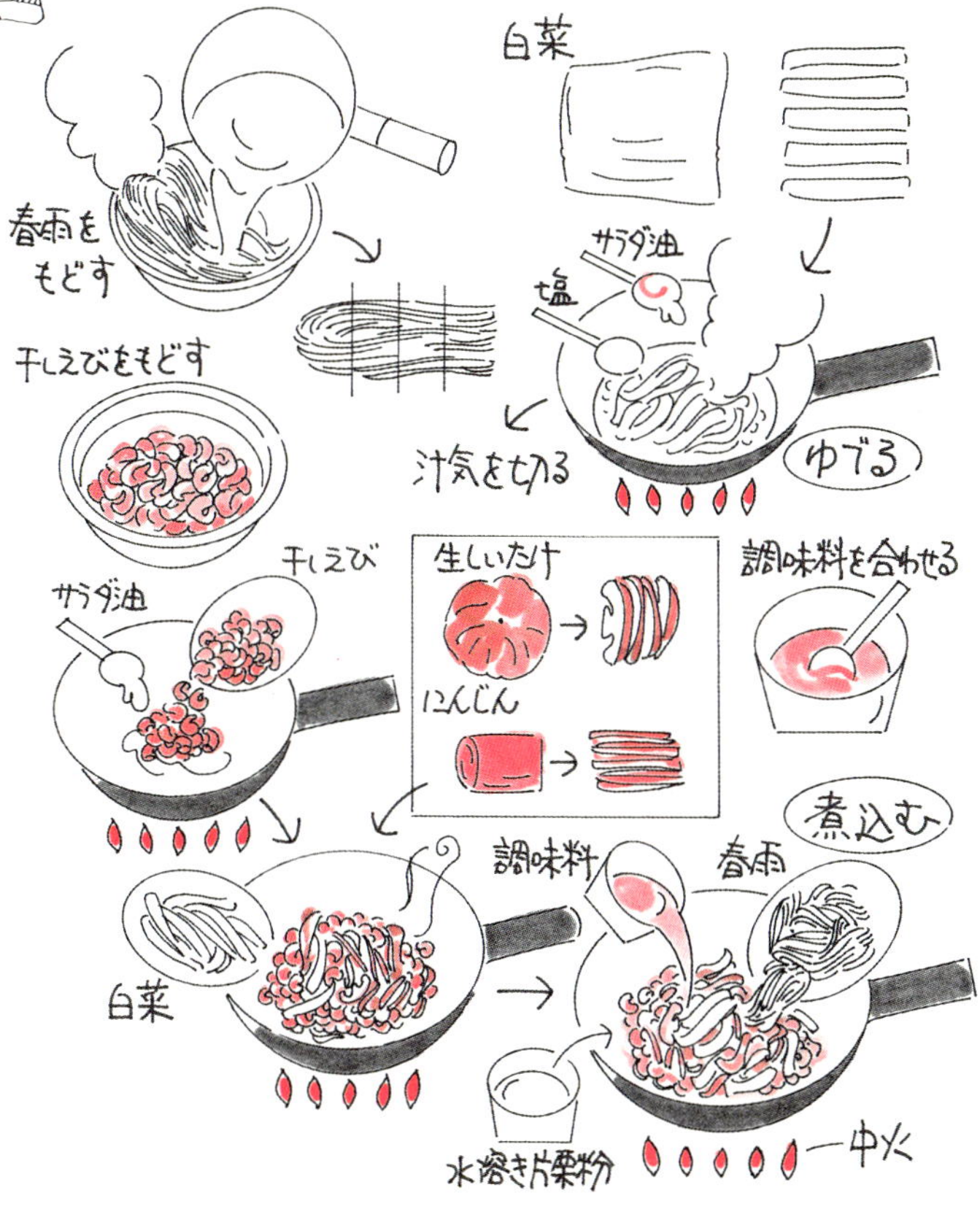

白菜
春雨をもどす
サラダ油
塩
干しえびをもどす
汁気を切る
ゆでる
干しえび
サラダ油
生しいたけ
にんじん
調味料を合わせる
煮込む
調味料
春雨
白菜
水溶き片栗粉
中火

❖材料（4人前）

白菜（葉の白い軸部分）…3枚
春雨……………………100g
干しえび…………大さじ3
生しいたけ………………1枚
にんじん…………………少々
合わせ調味料
　スープ½カップ、うまみ調味料少々、塩小さじ⅕、砂糖小さじ1、かき油大さじ1弱、しょうゆ大さじ1、こしょう少々
●サラダ油・塩・片栗粉

ごまだれが香ばしい超簡単フレッシュメニュー

レタスの湯びき

❖作り方

①レタスを割りほぐす　レタスは洗って手で大きく割りほぐしておく。

②湯びきする　約4カップの湯を沸かし、塩大さじ1、サラダ油大さじ4を入れ、グラグラ煮立ったところにレタスを加えて混ぜる。

③たれをつくる　材料を混ぜ合わせて、ごまだれをつくる。

④水気をきる　湯が再び沸いてきたら、レタスをすぐにザルにあけ、ふきんで軽く押さえて水気をきる。

⑤盛りつける　レタスを皿に盛り、③のごまだれを混ぜて上から回しかけする。

ひとくちメモ

生野菜はゆでて食べるほうが、味が出ておいしくなるし、青臭さもとれるんだ。

レタス
大きく割りほぐす
サラダ油
塩
湯びきする
ごまだれをつくる
ザルにあける
ふきんで
軽くおさえ
水気をきる

材料(4人前)

レタス……………………………1個
たれ
　しょうゆ大さじ3、ごま油大さじ1、こしょう少々
●サラダ油・塩

新鮮なおいしさをそのままボイルした

すみいかの湯びき

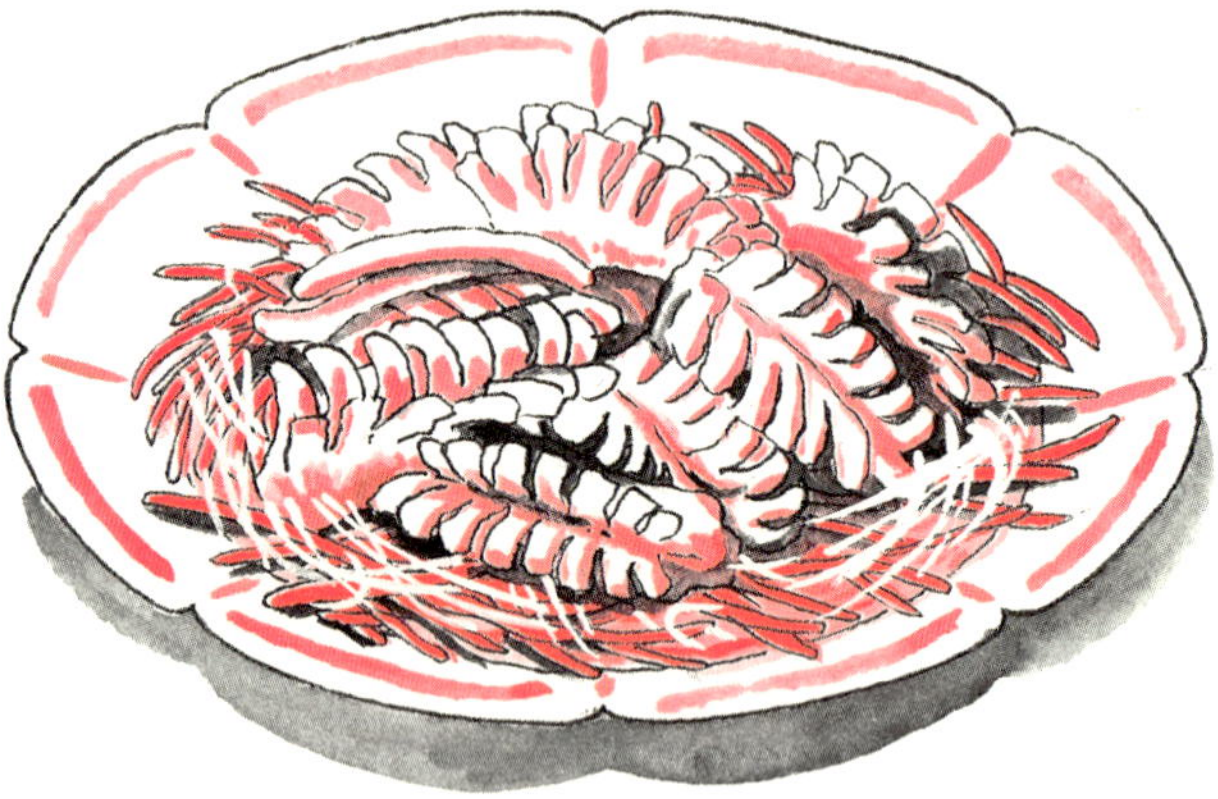

❖作り方

①切れ目を入れる　いかは縦横に格子の切り目を入れ、一口大の大きさにして真ん中にも切れ目を入れて開く。

②下味をつける　いかに下味（塩・こしょう・うまみ調味料各少々、重曹小さじ⅓、卵白½個、片栗粉小さじ2、サラダ油大さじ1）をつけておく。

③野菜を切る　ねぎ、赤ピーマンはせん切りにし、水にさらしておく。

④つけ汁をつくる　材料をよく混ぜ合わせ、つけ汁をつくる。

⑤湯通しをする　沸騰した湯にねぎとしょうがを加えて②のいかを入れ、火がとおったらざるに取り、水気をきる。

⑥盛り合わせる　⑤を器に盛り、③をちらして、④のつけ汁をかけ、少量のサラダ油をさらに熱してかけ仕上げる。

ひとくちメモ

いかをボイルしただけの簡単なメニューだけど、うまみたっぷりで人気もあるよ。

材料（4人前）

すみいか（紋甲いか）… 300g
ねぎ……………………………½本
しょうが………………………少々
赤ピーマン……………………少々
つけ汁
　しょうゆ小さじ1、塩・こしょう各少々、ごま油小さじ1、サラダ油少々
●サラダ油・塩・片栗粉

ピリッとした辛味ソースをきかせて

えびのチリソース

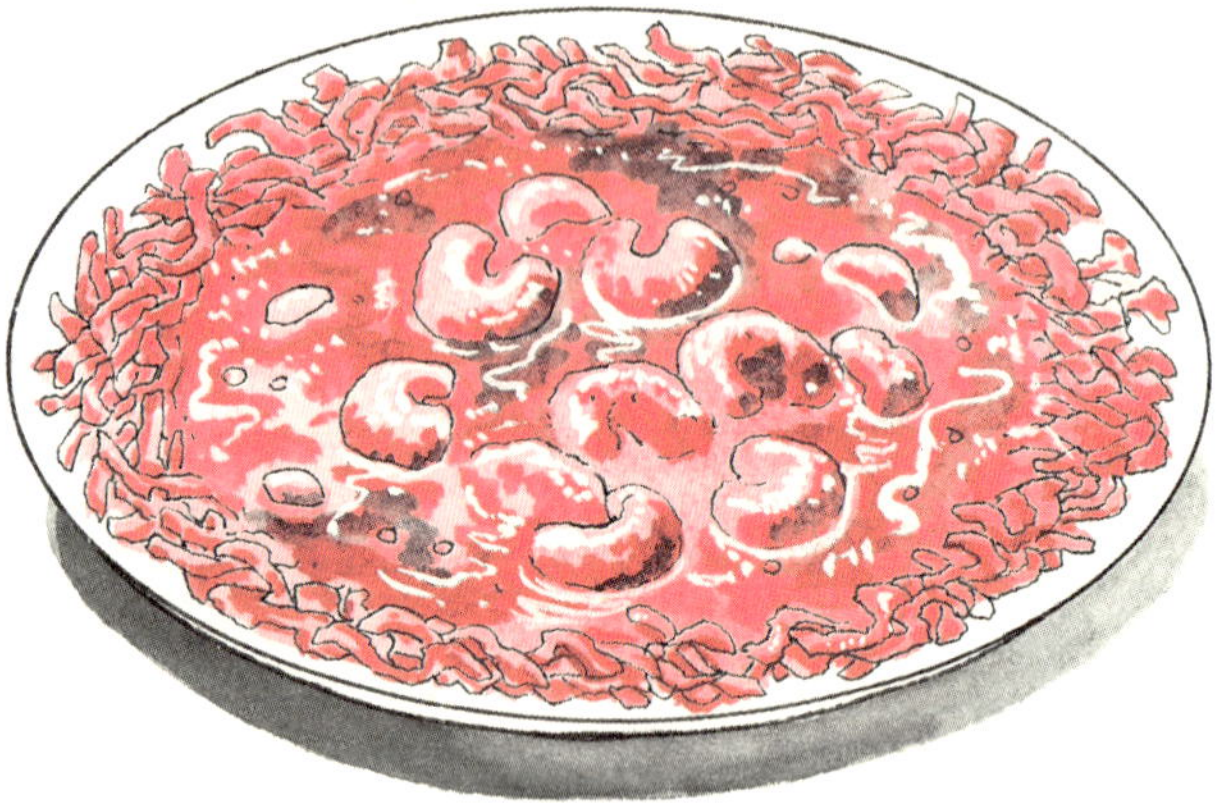

❖作り方

①**水洗いする**　えびは背わたを取って、塩を少しもみこんで洗い、水気をきる。

②**下味をつける**　ボールにえびを入れ、下味の調味料を順序よく加えてよく混ぜ合わせ、重曹を入れてしばらくおく。

③**えびを炒める**　サラダ油を多めに熱し、②のえびをサッと炒めて取り出す。

④**合わせ調味料をつくる**　材料を混ぜ合わせておく。

⑤**ソースで煮込む**　最初にみじん切りのねぎ大さじ1、にんにく、しょうがを豆板醤と炒めて香りを出し、酒、スープ、④の調味料の順に加えてソースを煮立て、③のえびを入れてサッと煮る。

⑥**仕上げ**　⑤を水溶き片栗粉でとろみをつけ、器にボリュームをもたせるように盛る。

ひとくちメモ

辛口のチリソースは海鮮によく合うんだ。イカやカニなどに使ってみるといいね。

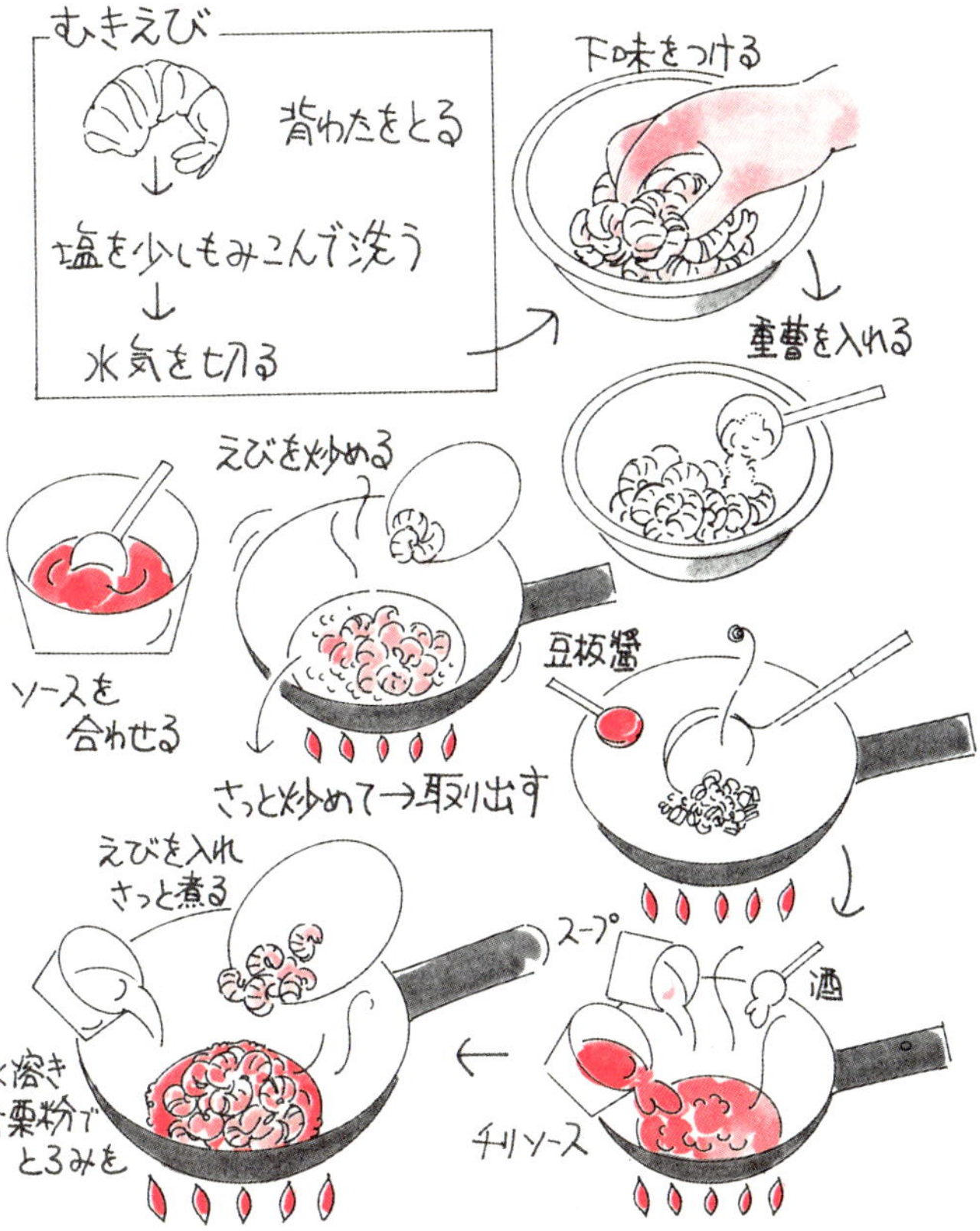

むきえび
背わたをとる
塩を少しもみこんで洗う
水気を切る
下味をつける
重曹を入れる
えびを炒める
ソースを合わせる
さっと炒めて→取り出す
豆板醤
スープ
酒
チリソース
えびを入れさっと煮る
水溶き片栗粉でとろみを

材料（4人前）

むきえび…………250〜300ｇ
下味
塩・こしょう・うまみ調味料・ごま油各少々、卵白½個、片栗粉小さじ2、サラダ油小さじ2、酒大さじ1、重曹小さじ¼
チリソース
ねぎ・にんにく・しょうが各少々、豆板醤小さじ1、スープ¼カップ、うまみ調味料少々
合わせ調味料　（トマトケチャップ大さじ2、砂糖大さじ½、塩小さじ⅓）
●サラダ油・酒・片栗粉

下味に自分好みのスパイスを加えて

とりのから揚げ

❖作り方

①下味をつける　とり肉をボールに入れ、下味の材料を加え、指先でつかむようによく混ぜ合わせる。

②片栗粉と卵を加える　ボールに①のぶつ切り肉を入れ、卵を加えてよく混ぜ合わせ、片栗粉を加減しながら加えて肉全体に衣のようにからませる。

③二度揚げする　たっぷりの揚げ油を最初は160度くらいの中温より低めに熱し、②のとり肉を3分ほど揚げて、いったん網ですくい揚げる。つぎに揚げ油を180度くらいの高温に熱し、先に揚げておいたとり肉を入れ、全体を混ぜながら、きつね色になるまで揚げてカリッと仕上げる。

④盛りつける　油をきって器に盛り、パセリをそえて温かいうちに食べる。

ひとくちメモ

二度揚げするとき、低めの油で長く揚げ、二度目は高温でカラッと揚げるとおいしくなるよ。

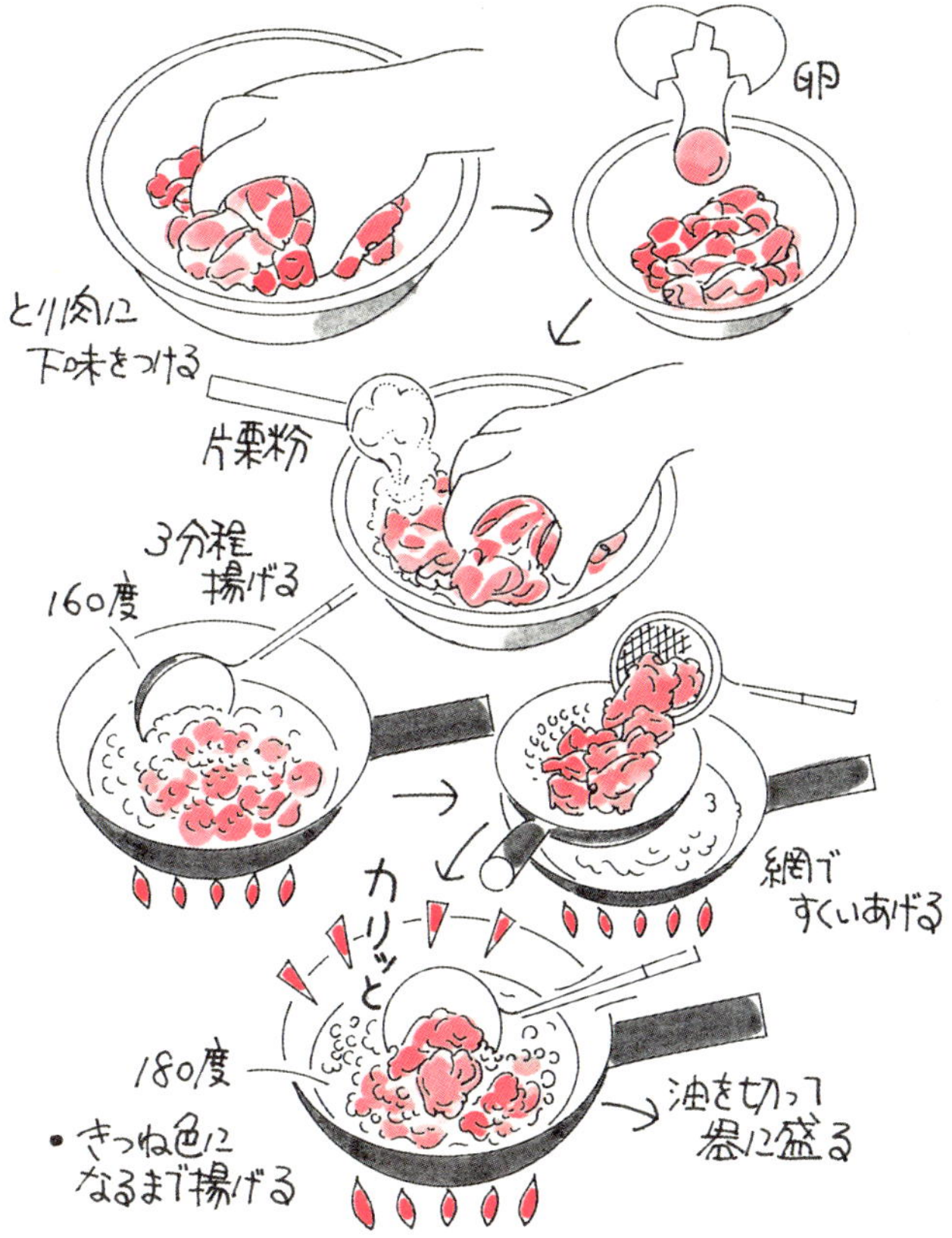

卵
とり肉に
下味をつける
片栗粉
3分程
揚げる
160度
網で
すくいあげる
カリッと
180度
・きつね色に
なるまで揚げる
油を切って
器に盛る

材料（4人前）

とり骨つきのぶつ切り肉
……………………500ｇ

下味

塩小さじ1、しょうゆ大さじ1、こしょう・うまみ調味料各少々、ごま油小さじ½、五香粉《ウーシャンフェン》小さじ1

卵……………………1個

片栗粉………………大さじ5

パセリ………………適宜

●サラダ油

口当たりの柔らかい衣は中華ならではの味

小えびの天ぷら

作り方

①**下味をつける**　芝えび（大きめのもの）は、塩水で洗って背わたと殻を取り、下味の材料を加えて、指でつかむようによく混ぜる。

②**衣をつくる**　ボールに小麦粉、片栗粉、ベーキングパウダー、塩を合わせ、冷水を少しずつ加えて指先で溶き混ぜ、最後にサラダ油少量を加えてしばらくおく。

③**油で揚げる**　①のえびに②の衣を十分につけ、中温（170度）に熱した、たっぷりの揚げ油で、ハシで返しながら色づくまで揚げる。

④**盛りつける**　油をよくきって器に盛りパセリをあしらい、花椒塩《ホワジャオイエン》、ケチャップなどにつけて食べる。

ひとくちメモ

ベーキングパウダーを衣の材料に入れるとおいしく仕上がるし、野菜の天ぷらにも使えるよ。

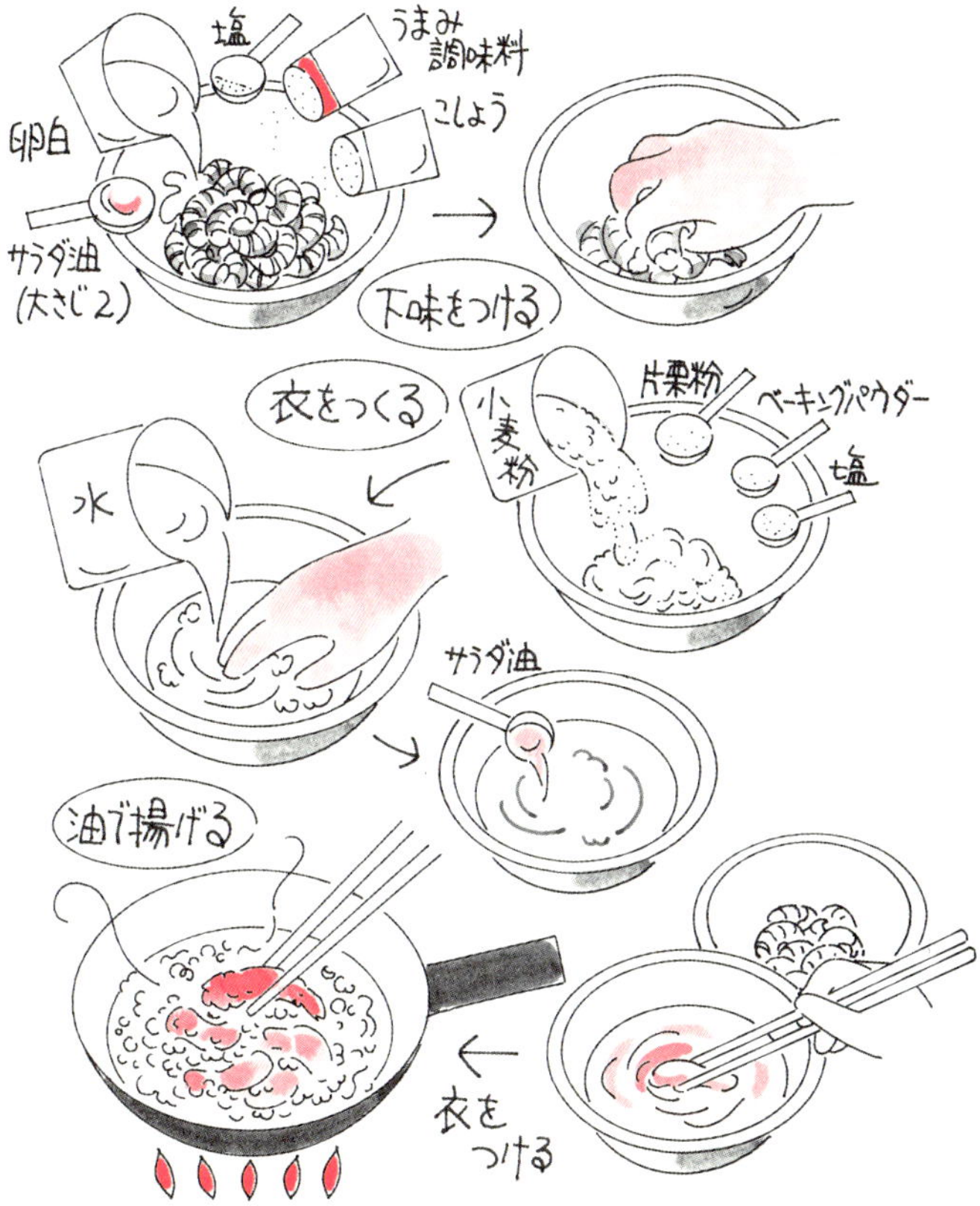

材料(4人前)

芝えび……………………20尾
下味
　卵白1/3個、塩小さじ1/3、こしょう・うまみ調味料各少々、サラダ油大さじ2
衣
　小麦粉1カップ、片栗粉大さじ2、ベーキングパウダー小さじ1、塩小さじ1/3、冷水3/4カップ
パセリ…………………適宜
花椒塩《ホワジャオイエン》…………………少々
トマトケチャップ………少々
●サラダ油・塩

ごまの風味をきかせて香ばしく揚げる

えびだんごのごま揚げ

❖作り方

①**すり身をつくる**　芝えびは背わたを取ってすり鉢に入れ、すり身にする。豚の背脂はみじん切りにしてたたき、ミンチにして、えびのすり身に加える。

②**下味をつける**　下味の材料を①に加え、さらにすり合わせる。

③**だんごにする**　手にサラダ油少々をぬり、②を一口大のだんごに丸める。

④**ごまをまぶす**　卵白をハシで切るように混ぜ、②のすり身だんごをくぐらせて、白ごまをまぶす。

⑤**油で揚げる**　揚げ油はたっぷりと、中温より低め（約165度）に熱し、④のえびだんごを入れ、ハシでころがしながら、浮いてくるまで揚げる。

⑥**盛りつける**　油をきって器に盛り、花型に切ったにんじんなどを添える。

ひとくちメモ

下ごしらえに時間はかかるけど、おいしく揚がれば満足。パーティにも向く料理だよ。

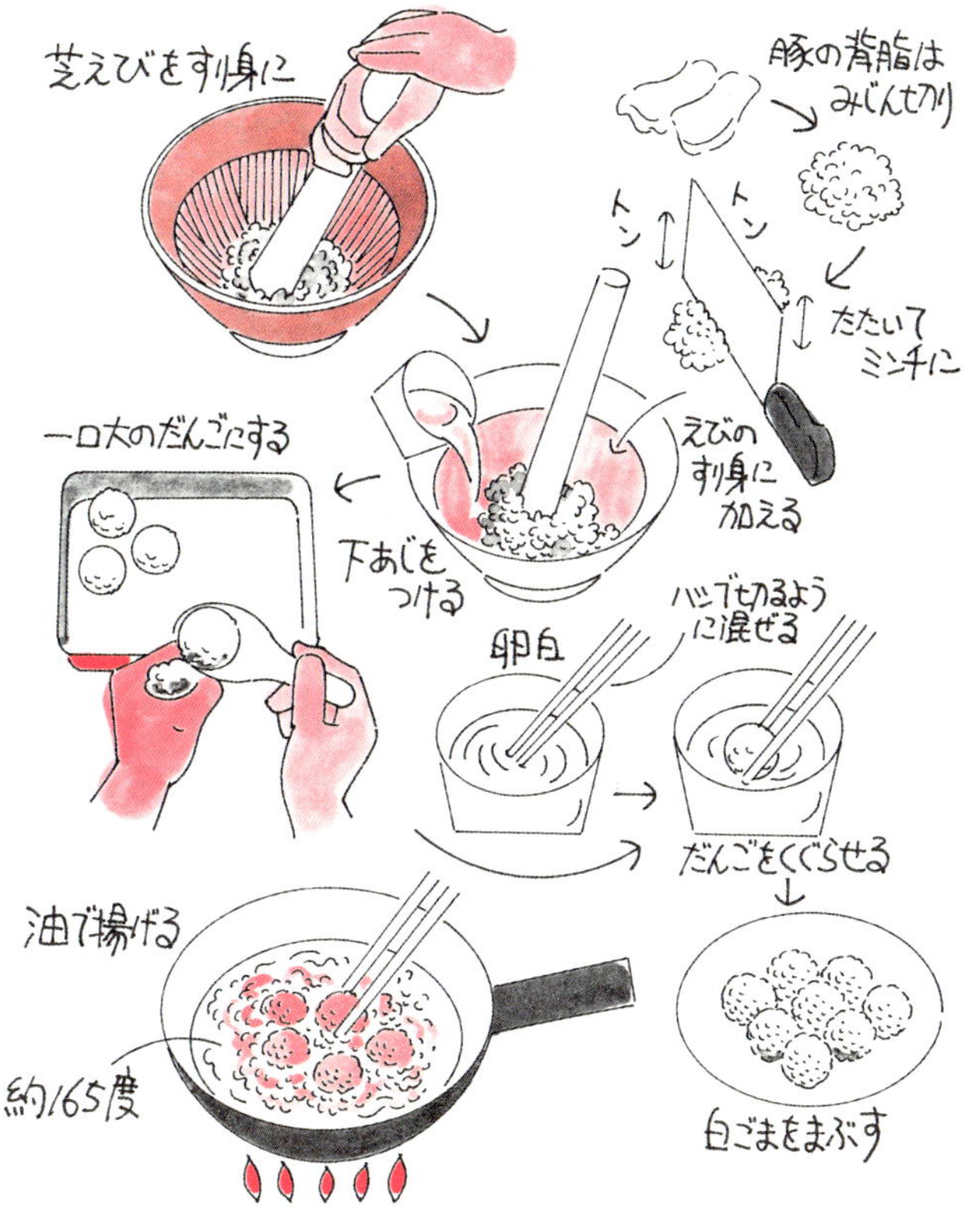

芝えびをすり身に
豚の背脂はみじん切り
トン
トン
たたいてミンチに
えびのすり身に加える
下あじをつける
一口大のだんごにする
卵白
ハシで切るように混ぜる
だんごをくぐらせる
油で揚げる
約165度
白ごまをまぶす

❖材料（4人前）

芝えび…………………… 300g
豚の背脂…………………20g
下味
　塩小さじ1、こしょう・うまみ調味料各少々、ごま油小さじ½、卵白½個

卵白 …………………… ½個
白ごま……………… 1カップ
にんじん…………………50g
●サラダ油

かにのつめを卵型に包み揚げた小粋なメニュー

かにつめのパン粉揚げ

❖作り方

①**かにのつめを用意する**　冷凍物は室温において自然に解凍し、ふきんで水気をよくふきとる。

②**すり身をつくる**　芝えびは殻と背わたを取って包丁でつぶし、豚の背脂をミンチして加え、すり鉢ですり身にする。

③**下味をつける**　②に下味の材料を加えてさらにすり混ぜ、かにのつめの数と同じように分けておく。

④**形をととのえる**　①に片栗粉をまぶし、③で包むようにして卵型に整え、小麦粉、溶き卵、生パン粉をつける。

⑤**油で揚げる**　揚げ油を約165度に熱し、④を3〜4個ずつ入れ、ハシでころがしながら浮いてくるまで揚げる。

⑥**盛りつける**　油をきって器に盛り、花《ホワ》椒塩《ジャオイエン》やケチャップなどで食べる。

ひとくちメモ

中華の揚げ物を食べるときは、さんしょう味の花椒塩につけて食べるとおいしいよ。

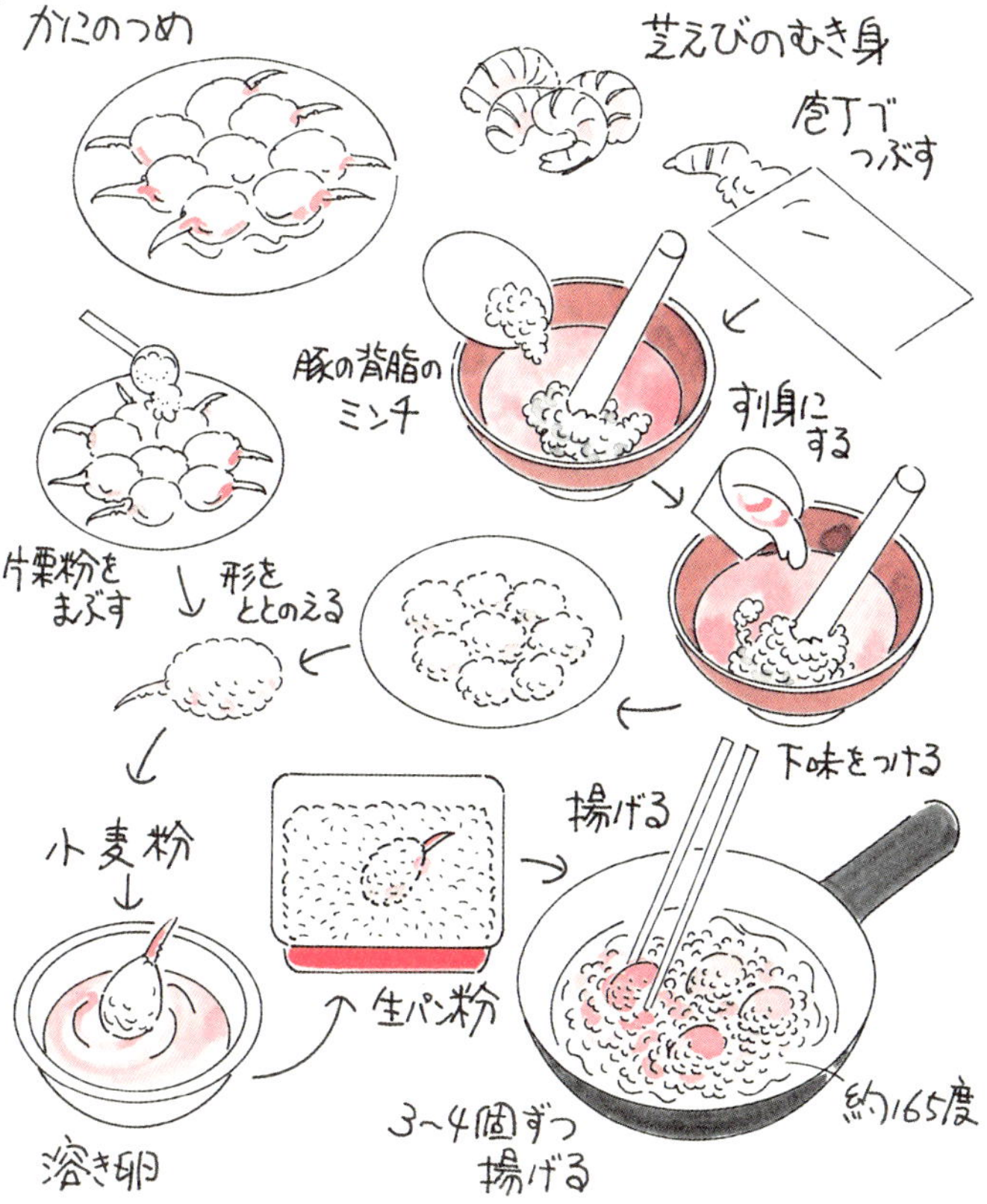

かにのつめ
芝えびのむき身
包丁でつぶす
豚の背脂のミンチ
すり身にする
下味をつける
片栗粉をまぶす
形をととのえる
小麦粉
溶き卵
生パン粉
揚げる
約165度
3~4個ずつ揚げる

材料（4人前）

冷凍かにのつめ………大8本
片栗粉……………………少々
芝えびのむき身……… 200g
豚の背脂…………………10g
下味
　塩小さじ½、こしょう・うま
　み調味料・ごま油各少々、卵
　白大さじ1
小麦粉・溶き卵・生パン粉
　…………………………適宜
花椒塩《ホワジャオイエン》…………………少々
●サラダ油

知っておきたい中華料理のポイント②
下ゆでと下炒めの仕方

中華料理では調理をする前に、ある程度まで火を通しておくことが原則。材料を熱湯にくぐらせたり、多めの油でサッと炒めると、色鮮やかに仕上がるよ。

湯びき

野菜や魚介類に

①鍋に材料が隠れるくらいの湯を沸かし、サラダ油と塩を加える。湯カップ１に対し、塩小さじ１、油大さじ１で。

油通し

肉類や魚介類に

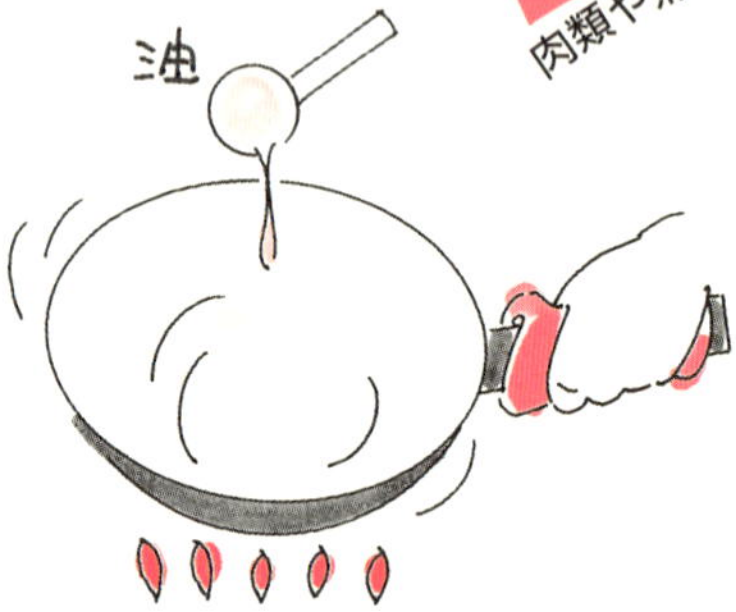

①鍋を十分空焼きして、油大さじ２〜３くらいを入れ、鍋を回して全体にいきわたるようにする。

②熱湯がグラグラと煮立ったところに、材料を入れ、大きくかき混ぜながら、サッとゆでる。

③ひと煮立ちさせて、火が八分どおり通ったら、すぐにザルに上げる。あとの調理のために、汁気を十分きっておく。

②煙りが立つくらい熱して、材料を入れ、強火で手早くサッと炒める。火は材料の中まで通さず、表面に通す程度に。

③鍋から材料を網じゃくしやジャーレンにとり上げ、余分な油をとる。残った油は調理に使うと経済的だよ。

プロに学ぶ
調理テクニック 2

乾物の上手なもどし方

中華料理に欠かせないのが乾物。おいしさをそのまま残しているから、料理に生かさない手はない。もどすには手間がかかるけど、料理のバリエーションが広がるし、おいしく仕上がるよ。

●くらげ　手でほぐしながら熱湯に入れ、過熱しすぎないようにひと煮立ちさせ、流水にさらし一晩おいてもどす。

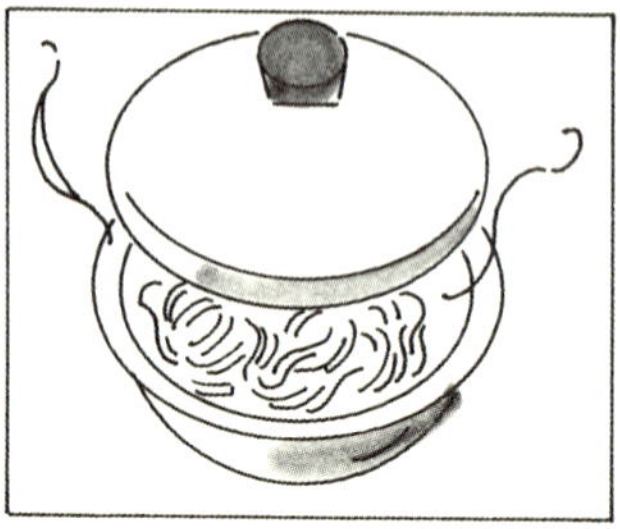

●ビーフン　沸騰したたっぷりの湯に入れ、芯を残したまま汁気をきり、ボールに入れて、2〜3分ふたをして蒸す。

●干し貝柱　サッと洗って、かぶるくらいの水につけ、一晩おいてもどす。急ぐときは熱湯を注いでふたをする。

PART Ⅲ

煎《チェン》・蒸《チョン》

焼く
蒸す

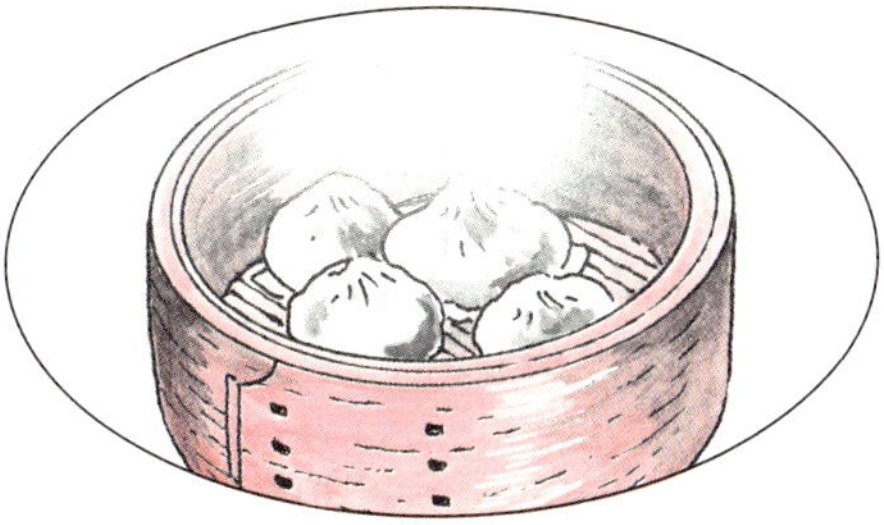

中華では少量の油をひいて焼くのが一般的。蒸し物は材料の栄養や風味をそこなわないように調理する方法。ポイントは材料や手順に合わせて火加減を上手に調整すること。

カリッと焼いて酢じょうゆの香りで仕上げる

鮮魚の香り焼き

焼く・蒸す

❖作り方

①**魚を用意する**　かれいやきすなどの小振りな魚は、そのまま内臓とえらを取って水洗いし、大きい魚は切り身にして水気をとっておく。

②**下味をつける**　下味の材料を混ぜて、①の魚にまぶす。

③**香りソースをつくる**　材料をボールに入れ、よく混ぜ合わせる。

④**魚を焼く**　鍋にサラダ油大さじ3〜4を熱して②を入れ、最初は強火でこんがりと焼き、ひっくり返して中火で両面がパリッとなるように、香ばしい焼き色にゆっくり焼き上げる。

⑤**ソースと合わせる**　④を皿に盛り、熱いうちに③の香りソースをかき混ぜ、魚の上からジュッと回しかける。

ひとくちメモ

香り焼きする魚は、かれいやきんき、きすなどの白身魚。大きければ切り身で焼いてもいいよ。

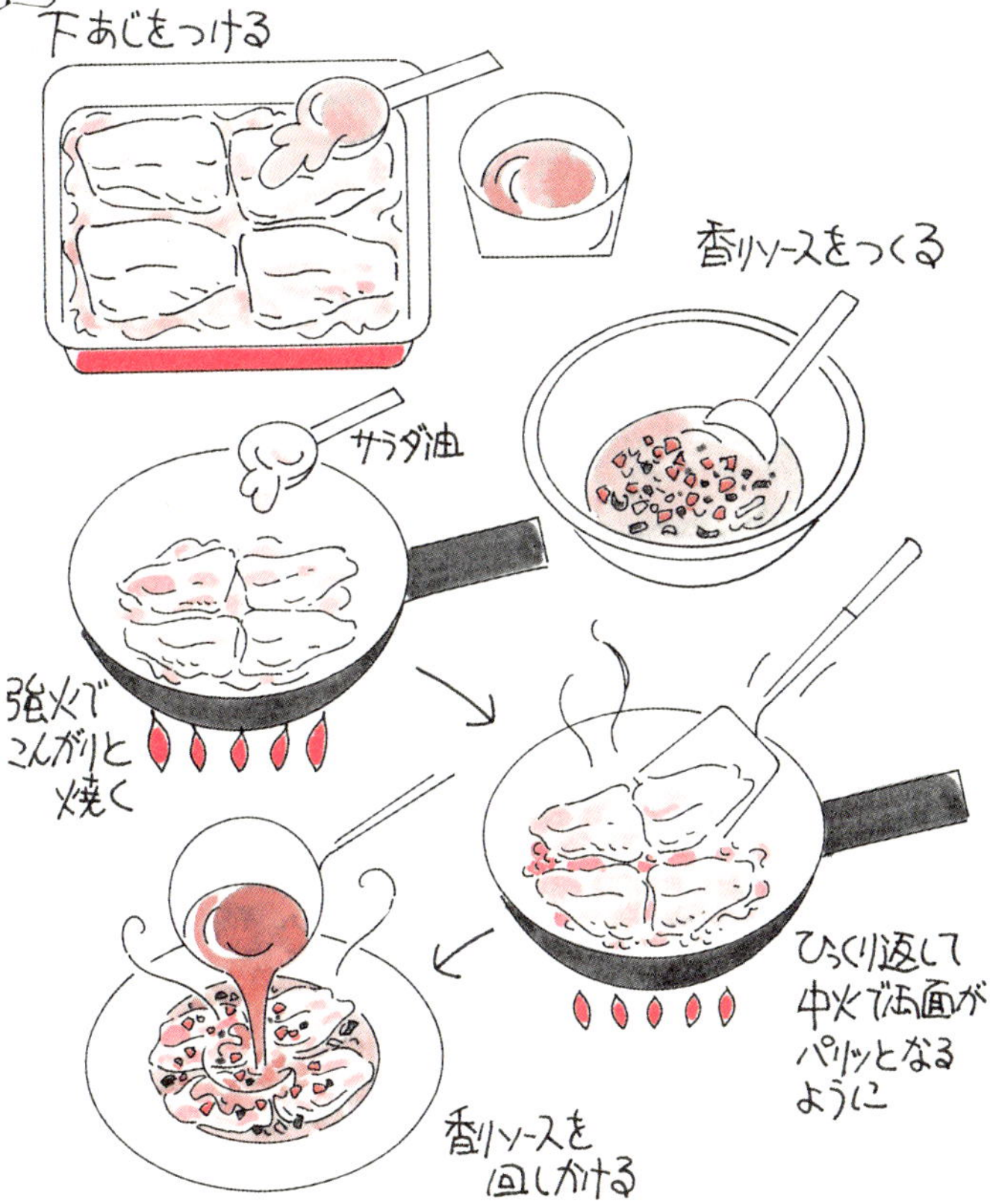

下あじをつける
香りソースをつくる
サラダ油
強火でこんがりと焼く
ひっくり返して中火で両面がパリッとなるように
香りソースを回しかける

材料（4人前）

鮮魚（かれい、ひらめなど）……………………………4尾

下味

塩小さじ½、うまみ調味料少々、しょうゆ大さじ½、卵½個、片栗粉大さじ1

香りソース

しょうゆ大さじ4、砂糖大さじ3、酢・スープ各大さじ2、しょうが・ねぎ・赤ピーマン（すべてみじん切り）各小さじ1

●サラダ油・塩

レモン風味のまろやかなソースをかけて

若どりのレモンソース焼き

焼く・蒸す

❖作り方

①**下味をつける**　とり肉は厚みが均一になるように開き、下味をつけて包丁で軽く叩く。

②**片栗粉をまぶす**　卵をほぐして①の肉にからませ、片栗粉を肉の両面にたっぷりまぶしつける。

③**油で焼き上げる**　中華鍋に多めの油を高温（180度）に熱し②の肉を入れ、両面がきつね色になるまで中火でゆっくり焼く。

④**ソースをつくる**　鍋にソースの材料を合わせて沸かし、最後に大さじ2の水で溶いたカスタードパウダーを加える。

⑤**仕上げ**　③の焼き上がった肉を一口大に切って皿に盛り、④に水溶き片栗粉でとろみをつけて肉にふりかけ、レモンを半月切りにして飾る。

ひとくちメモ

酸味をきかせて甘さを抑えたソースなので、淡白な味を好む人におすすめだよ。

とり肉をひらく
下味をつける
軽く叩く
卵をほぐして
肉にからませる
多めの油を
高温に熱し
肉をきつね色
になるまで中火
でゆっくり焼く
水溶き
カスタードパウダー
生レモン
しぼり汁
片栗粉を
肉の両面に
たっぷりまぶす
ソースの
材料をわかす
水溶き片
栗粉でとろみを
つけ肉にふりかける

材料（4人前）

若どりの皮つきもも肉…1枚
下味　塩・うまみ調味料各少々、ごま油小さじ1
卵……………………………1個
片栗粉………………大さじ5
●サラダ油・片栗粉

ソース
水大さじ5強、レモン汁（市販）小さじ2、塩小さじ$\frac{1}{4}$、砂糖大さじ5強、酢大さじ3強、生レモンしぼり汁$\frac{1}{2}$個
カスタードパウダー…大さじ1

プロの技をまねて手作りにチャレンジ

シュウマイ

❖作り方

①ひき肉を仕込む　ボールにひき肉を入れて、小口切りのねぎと卵を混ぜ、下味の材料を加えて、粘りが出るまで手でよくこね合わせる。

②空気をぬく　①をひとつかみしながらボールにたたきつけ、空気をぬく。

③たまねぎを加える　たまねぎはみじん切りにして片栗粉大さじ5をまぶし、②に加えてよく混ぜ、最後に豚の背脂をみじん切りにして加える。

④皮につつむ　シュウマイの皮に、等分にした③の具をのせ、親指と人さし指で輪を作り、具をのせた皮を押し込むように包む。

⑤強火で蒸す　せいろに油を薄くひくか、蒸し器に粗いふきんを敷き、④のシュウマイを並べ、強火で15分くらい蒸す。

ひとくちメモ

蒸し物料理にはせいろがあれば便利だよ。一般の蒸し器を使う時はふきんを敷いて。

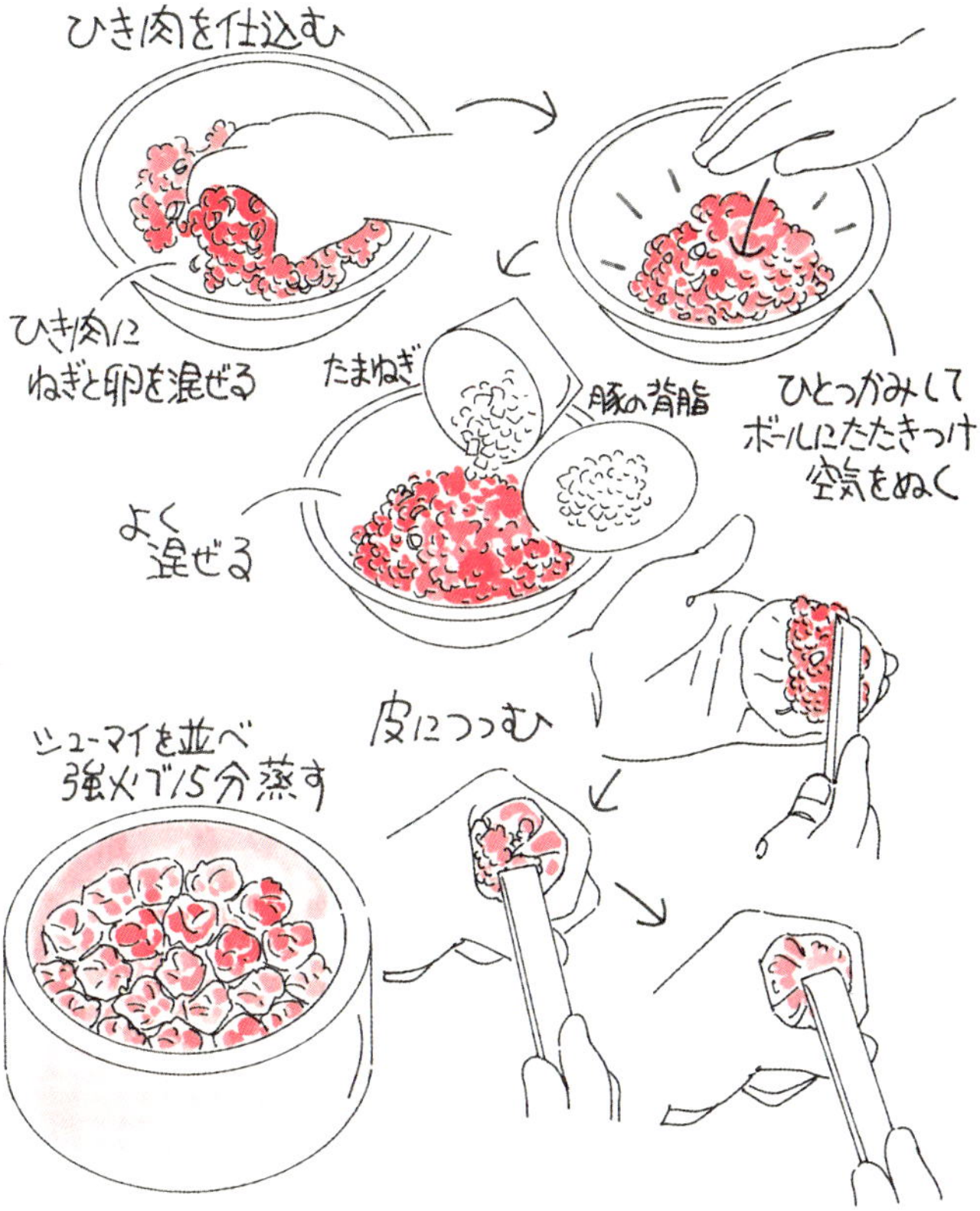

ひき肉を仕込む
ひき肉に
ねぎと卵を混ぜる
たまねぎ
豚の背脂
ひとつかみして
ボールにたたきつけ
空気をぬく
よく
混ぜる
皮につつむ
シューマイを並べ
強火で15分蒸す

❖材料（20個分）

シュウマイの皮…………20枚
豚ひき肉 ………………300g
豚の背脂…………………30g
水…………………… ½カップ
ねぎ………………………少々
たまねぎ…………………½個
卵…………………………½個

下味
　塩小さじ⅔、砂糖・しょうゆ各大さじ1、こしょう・うまみ調味料、ごま油各少々
●サラダ油・片栗粉

なめらかな舌ざわりでダイエットにも最適

豆腐のえびすり身のせ

❖作り方

①**豆腐をととのえる**　1丁の豆腐を6等分ぐらいの三角形に切り、斜面の部分をスプーンで丸くくりぬく。

②**すり身をつくる**　小えびは殻と背わたを取り、包丁でたたいてすり身にする。

③**下味をつける**　ボールに②を入れ、みじん切りにした豚の背脂と下味の調味料を加え、粘りが出るまで混ぜる。

④**強火で蒸す**　①の豆腐のくりぬいた部分に塩少々をふり、③を詰めて12〜13分蒸す。

⑤**合わせ調味料をつくる**　ボールに材料を入れて混ぜる。

⑥**盛り合わせる**　蒸し上がった④を皿に並べ、熱いうちに合わせ調味料をかけ、小口切りにしたねぎと香菜《シャンツァイ》をふりかけて盛り合わせる。

ひとくちメモ

えびや魚のすり身をおいしく作るには、豚の背脂をみじん切りにして混ぜること。

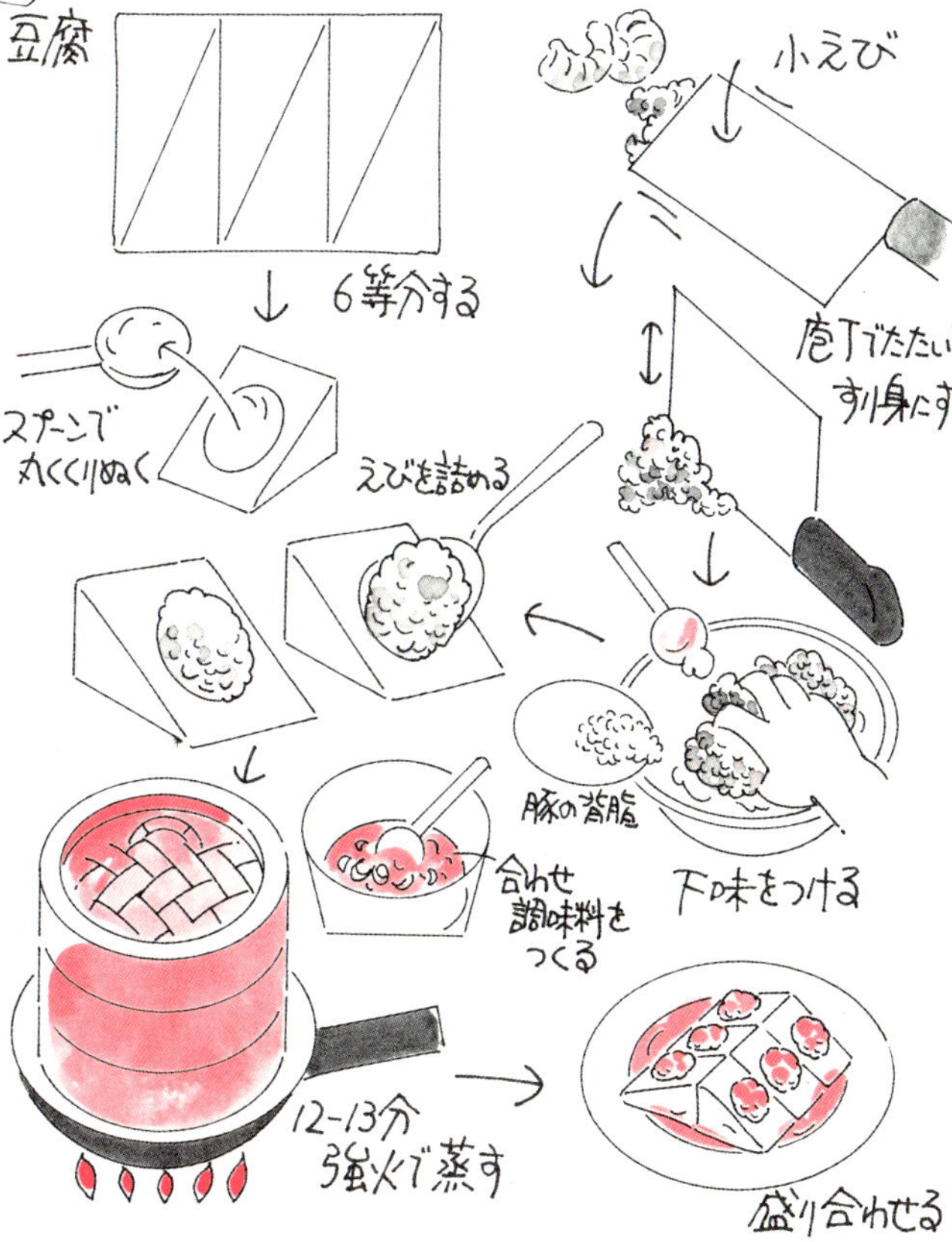

豆腐
小えび
6等分する
庖丁でたたいて
すり身にする
スプーンで
丸くくりぬく
えびを詰める
豚の背脂
下味をつける
合わせ
調味料を
つくる
12-13分
強火で蒸す
盛り合わせる

材料（4人前）

絹ごし豆腐……………… 2丁
小えび ………………… 200g
豚の背脂………………… 30g
下味
　塩・こしょう各小さじ⅓、卵白1½個、ごま油少々、片栗粉大さじ½

合わせ調味料
　熱したサラダ油小さじ1、しょうゆ小さじ2
ねぎ（小口切り）………… 少々
香菜《シャンツァイ》 ……………………… 適宜
●サラダ油・塩

堅いすね肉をとろりとした柔らかな味に

牛すね肉とザーサイの蒸し物

✤作り方

①**きくらげをもどす**　たっぷりの沸騰した湯に、ほぐしながら入れ、再度沸騰する直前に取り出し、水にさらしておく。

②**下味をつける**　牛肉は一口大に切り、下味の材料を加えて手でよく混ぜ合わせ、サラダ油少量をふっておく。

③**ザーサイを用意する**　ザーサイは水でサッと洗い、薄切りにする。

④**材料を合わせる**　器に②の肉を入れ、③のザーサイと①のもどしておいたきくらげをのせる。

⑤**強火で蒸す**　蒸し器か大きめの鍋に台をおき、器ごと台の上にのせて強火で約20分蒸す。

⑥**盛り合わせる**　蒸し上がったら、せん切りにしたねぎをのせ、香菜《シャンツァイ》をそえる。

ひとくちメモ

蒸す時間が多少かかるけど、仕上がるとおいしいよ。きくらげはなくてもいい味に。

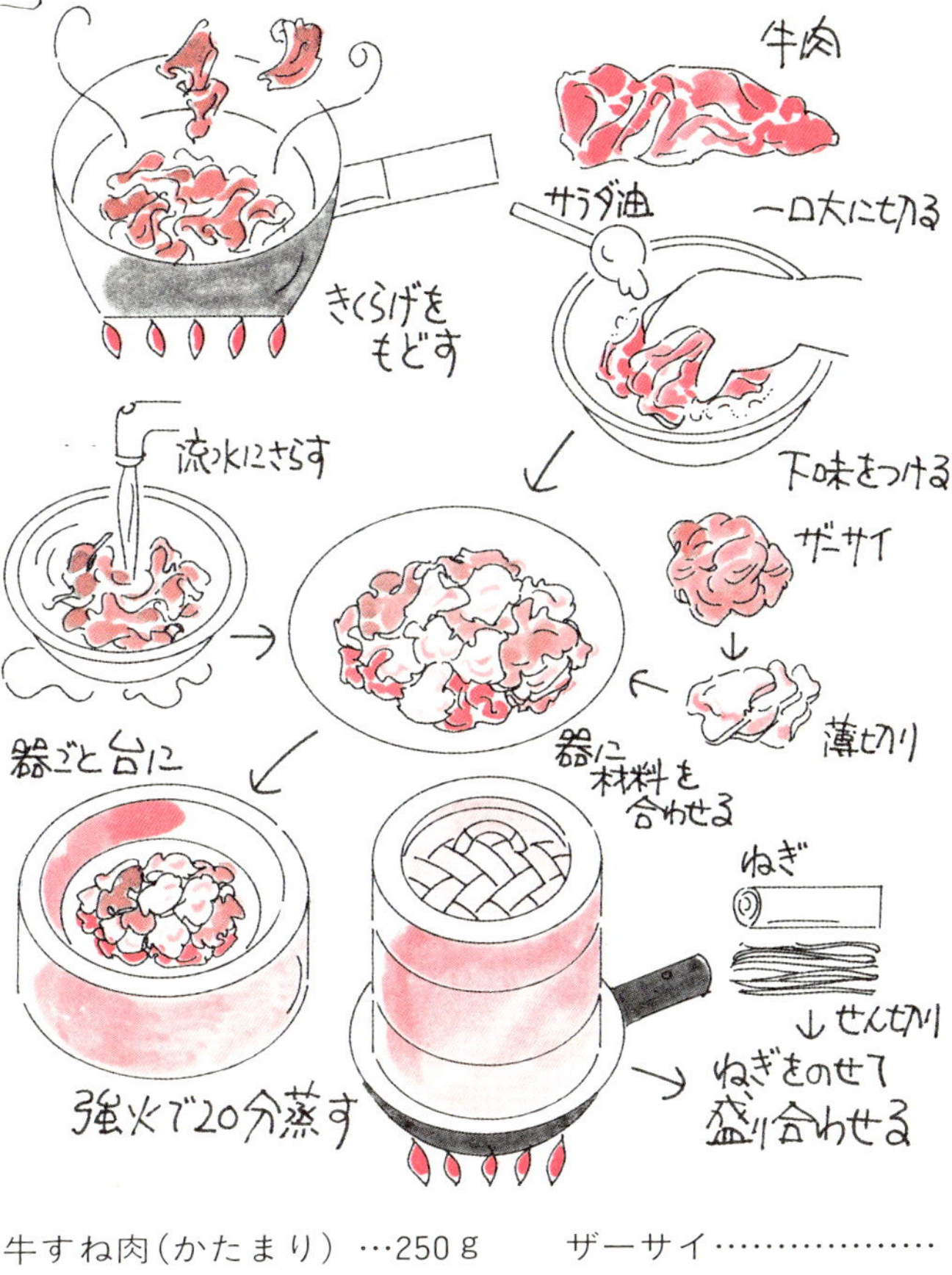

牛肉
サラダ油
一口大に切る
きくらげを
もどす
下味をつける
流水にさらす
ザーサイ
薄切り
器に
材料を
合わせる
器ごと台に
ねぎ
せん切り
ねぎをのせて
盛り合わせる
強火で20分蒸す

材料（4人前）

牛すね肉（かたまり）…250g
下味
砂糖・しょうゆ各大さじ1½、こしょう・うまみ調味料各少々、片栗粉大さじ½・ごま油大さじ1

ザーサイ………………100g
きくらげ………………5g
ねぎ……………………10cm
香菜《シャンツァイ》……………………適宜
●サラダ油

干し貝柱のだしを使ってプロなみのおいしさに

中華風茶碗蒸し

❖作り方

①干し貝柱をもどす　水でサッと洗い、かぶるくらいの水に一晩つけてもどす。

②卵を溶く　卵はボールに割りほぐし、スープ（①のもどし汁）を少しずつ加えてのばし、合わせ調味料を入れて混ぜ合わせる。

③卵をこす　こし器に②の卵をくぐらせ、食べるときは深めの器に入れる。

④具を合わせる　①の貝柱をほぐし、干ししいたけはもどしてせん切りにし、③に一緒に加える。

⑤中火で蒸す　蒸し器で5〜6分蒸し、揺らしてみて柔らかいようならもう少し蒸す。

⑥仕上げ　しょうゆ小さじ2、サラダ油小さじ1を混ぜて⑤の表面に流し込み、小口切りにしたねぎを散らす。

ひとくちメモ

茶碗蒸しの具はピータンやカニの身も合うよ。だし汁に油を入れて口当たりもよくしてね。

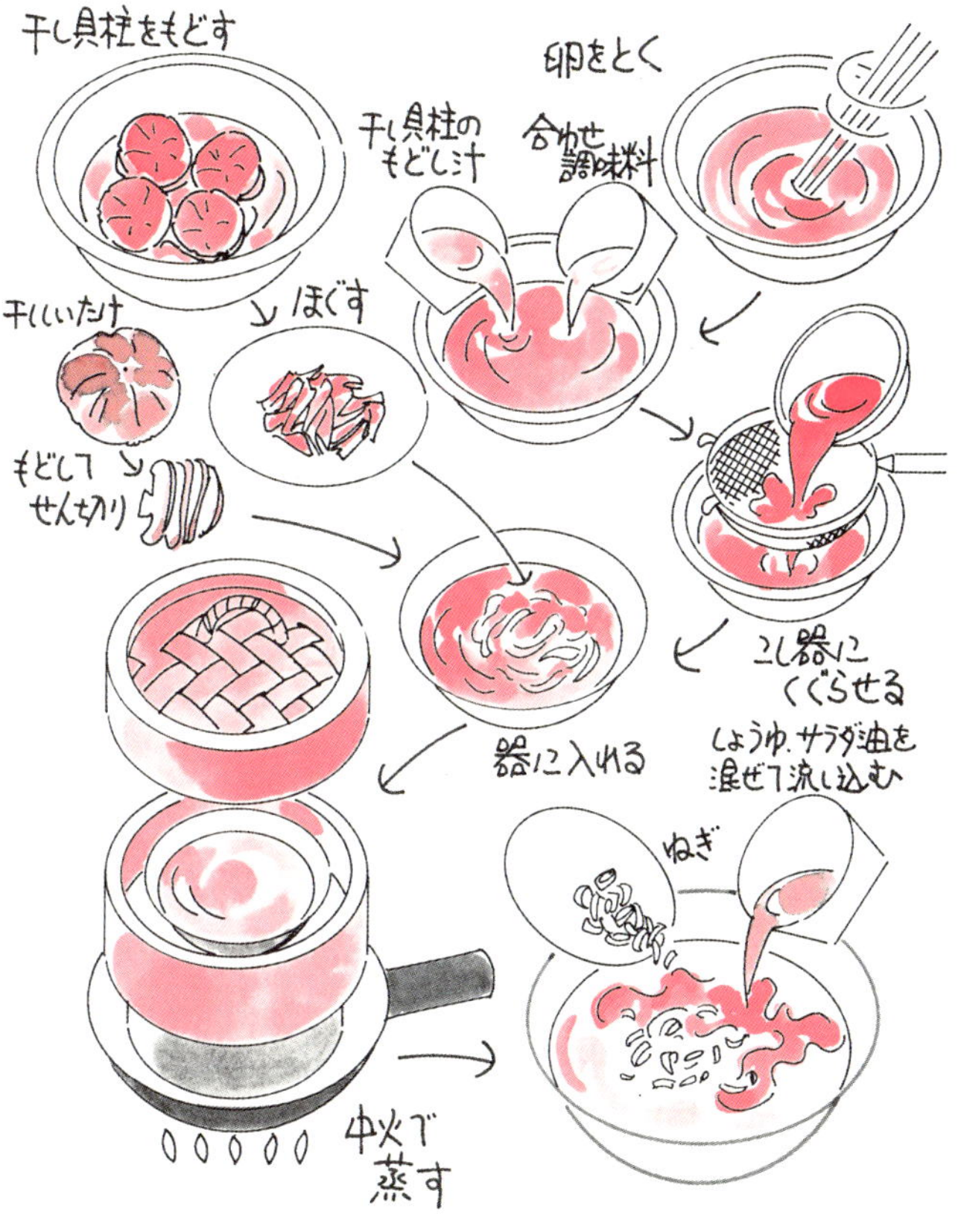

干し貝柱をもどす
卵をとく
干し貝柱のもどし汁
合わせ調味料
干しいたけ
ほぐす
もどしてせん切り
こし器にくぐらせる
器に入れる
しょうゆ、サラダ油を混ぜて流し込む
ねぎ
中火で蒸す

材料（4人前）

卵……………………………4個
スープ（干し貝柱のもどし汁を加えたもの）…2カップ
合わせ調味料
　塩小さじ1強、こしょう・うまみ調味料各少々、サラダ油大さじ2

干し貝柱…………………3個
干ししいたけ……………2枚
ねぎ（青い部分）…………少々
●サラダ油・しょうゆ

知っておきたい中華料理のポイント3

香りづけをする

食欲をそそる、おいしい料理は香りが決め手。中華料理で香味野菜を炒めたり、熱したごま油を仕上げに使うのは、香りづけして風味を生かすためなんだ。

香味野菜で

①中華鍋をうす煙が立つくらい焼いて、分量の油をひき、鍋を回して全体になじませる。

熱したごま油で

①新鮮な魚介類を熱湯でゆで、汁気をきって器に盛り、せん切りにしたねぎやしょうがを上にのせる。

②油が熱したら、焦げないように火をいったん弱め、みじん切りの香味野菜をサッと炒め、様子を見て火を強める。

③香りが漂ってきたら、豆板醬などの辛み調味料を入れてひと炒めし、風味を出したあとに主材料を加える。

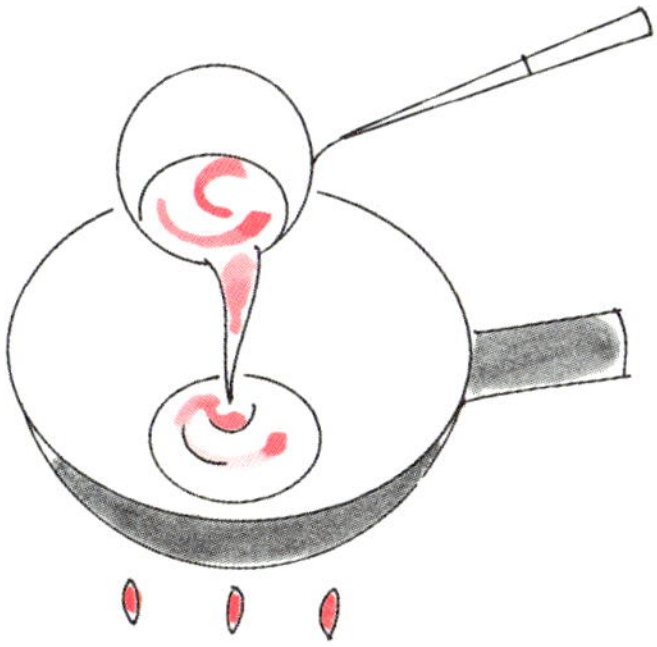

②鍋を熱して、ごま油少々を入れて沸かす。玉じゃくしに入れてプロっぽく沸かしてもいいよ。

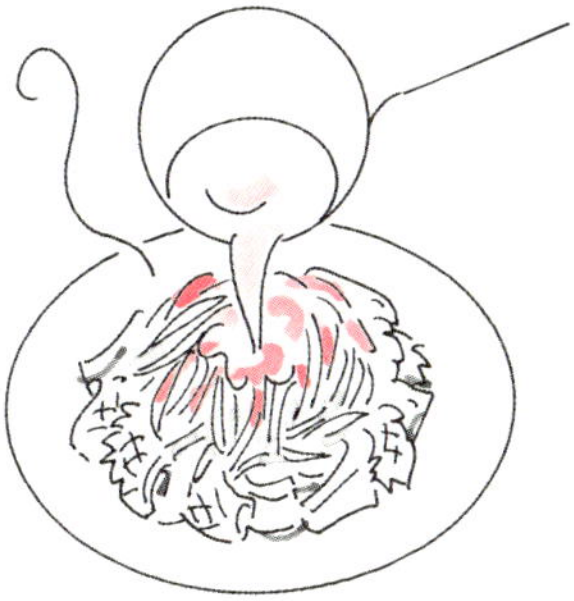

③ごま油が沸いたら、器に盛った料理の上からジュッと回しかける。魚介類のほかに、蒸しどりなどにも生かせるよ。

プロに学ぶ
調理テクニック 3

香味野菜のみじん切りテクニック

ねぎ、にんにく、しょうがのみじん切りは香り出しに欠かせないもの。これらを短時間でみじん切りにするプロの技を紹介しよう。簡単に誰でもできるから、ためしてごらん。

①にんにくやしょうがは二つ割りにして、まな板の上に安定よく置き、上から庖丁を寝かせてたたきつぶす。

②つぶしたものを、さらに庖丁で刻んでみじん切りに。あっという間にできるよ。

③ねぎは縦に切れ目を何本か入れ、小口から刻んでいくとみじん切りにしやすいよ。

PART IV

溜《リュウ》・拌《バン》

あんかけ
あえもの

あんかけは材料に合わせて濃口か淡白か味加減を調整し、煮すぎたり、煮足りなくないように作る。あえものは材料を切り揃え、水気をよくきることがおいしく作るコツ。

フルーツを加えておいしさをグンとアップ

酢 豚

❖作り方

①**下味をつける** 豚肉は角切りにし、下味の調味料を混ぜて溶き卵をからめ、片栗粉を衣になるようにからめる。

②**材料を切り揃える** ピーマンとパイナップルは豚肉と同じ角切りにする。

③**豚肉を揚げる** 揚げ油を180度に熱し、①の豚肉を入れて表面がやや固まったところで火を弱め、豚肉の中まで火を通す。取り出す1～2分前に強火にしてカラッとなるまで揚げ、油をきる。

④**野菜を炒める** 油大さじ1で刻みにんにく、しょうがを炒め、②を加えて手早く炒める。

⑤**甘酢あんで仕上げる** ④に甘酢あんを4/5カップ混ぜ入れ、煮立ってきたら水溶き片栗粉大さじ2でとろみをつけ、③の豚肉を加えてからめる。

ひとくちメモ

甘酢あんは揚げた肉や魚、野菜と相性が合うんだ。保存もきくので、多めに作っておいてもいいよ。

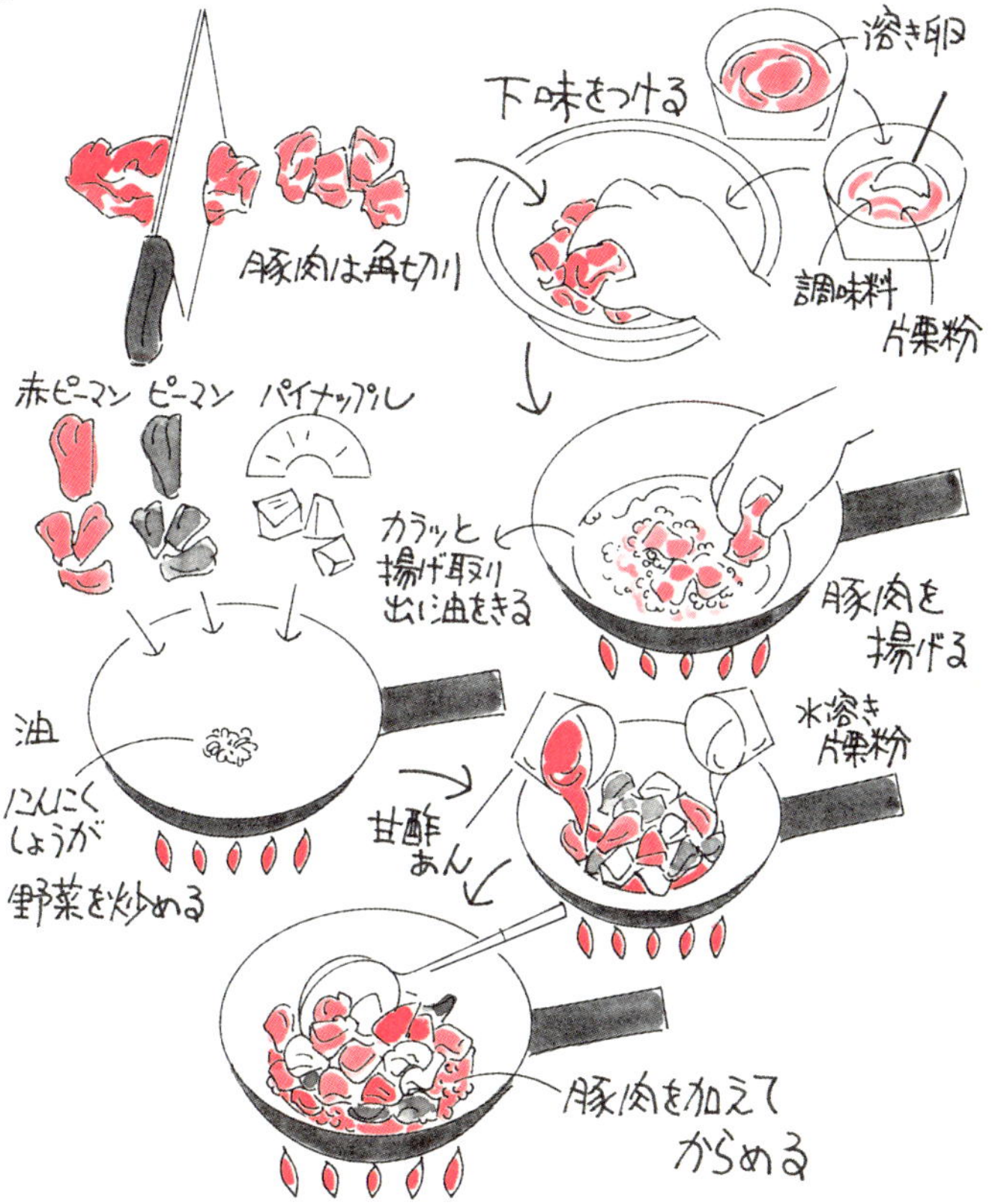

豚肉は角切り
下味をつける
溶き卵
調味料
片栗粉
赤ピーマン
ピーマン
パイナップル
カラッと
揚げ取り
出し油をきる
豚肉を
揚げる
水溶き
片栗粉
油
にんにく
しょうが
野菜を炒める
甘酢
あん
豚肉を加えて
からめる

❖材料（4人前）

豚肩ロース肉 …………250g
下味　塩小さじ$\frac{1}{2}$、こしょう・うまみ調味料各少々、卵1個、片栗粉大さじ5
ピーマン・赤ピーマン…$\frac{1}{2}$個
パイナップル……………$\frac{1}{2}$個
にんにく・しょうが…各少々
●サラダ油・水溶き片栗粉

甘酢あん（多めにできるので、冷蔵庫で保存する。）

水$\frac{1}{2}$カップ、酢1$\frac{1}{2}$カップ、砂糖1カップ強、トマトケチャップ$\frac{1}{2}$カップ、とんかつソース・ウスターソース各大さじ3、いちごジャム大さじ2、梅ぼし2個、生レモン汁$\frac{1}{2}$個分、塩小さじ$\frac{1}{2}$

揚げたての肉だんごに甘ずっぱい味をからめて

肉だんごの甘酢あん

❖作り方

①**下味をつける**　豚ひき肉に下味の材料を加え、手でよく混ぜ合わせる。

②**だんごをつくる**　手のひらに①の肉をにぎり、一口大のだんごに丸める。

③**油で揚げる**　揚げ油を中温（180度）に熱して②を入れ、少しおいて温度を下げ、肉に火を通し、とり出す直前に高温にしてカリッと揚げる。

④**甘酢あんをつくる**　サラダ油大さじ1を熱して刻みにんにく、しょうがを炒め、甘酢あん4/5カップを入れて煮立て、少し煮つめて味がなじんだら、水溶き片栗粉でとろみをつける。

⑤**からめ仕上げる**　④に揚げだんごを加えて手早くあんをからめ、仕上げにごま油を周りから流しこみ、サッと混ぜ合わせて器に盛る。

ひとくちメモ

肉だんごは、あんを仕上げるタイミングをはかりながら揚げることがポイントだよ。

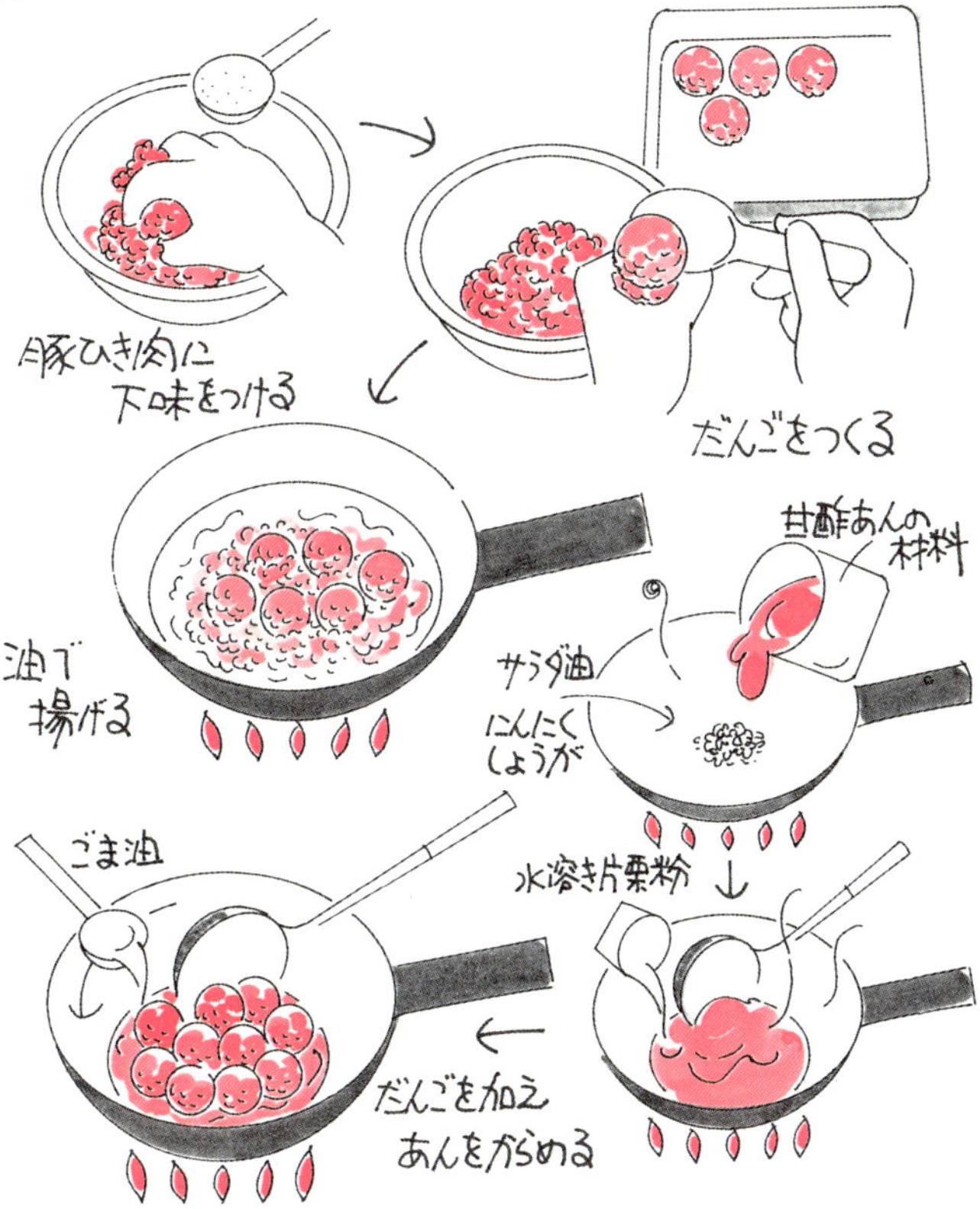

材料（4人前）

豚ひき肉 ……………………400g

下味

　塩小さじ⅔、しょうゆ大さじ½、こしょう・うまみ調味料各少々、卵½個、片栗粉大さじ2

にんにく・しょうが…各少々

●サラダ油・ごま油・片栗粉

甘酢あん（多めにできるので、冷蔵庫で保存する。）

　水½カップ、酢1½カップ、砂糖1カップ強、トマトケチャップ½カップ、とんかつソース・ウスターソース各大さじ3、いちごジャム大さじ2、塩少々、梅ぼし2個、レモン汁½個分

揚げ魚と野菜のあんかけが絶妙のバランス

あじの野菜あんかけ

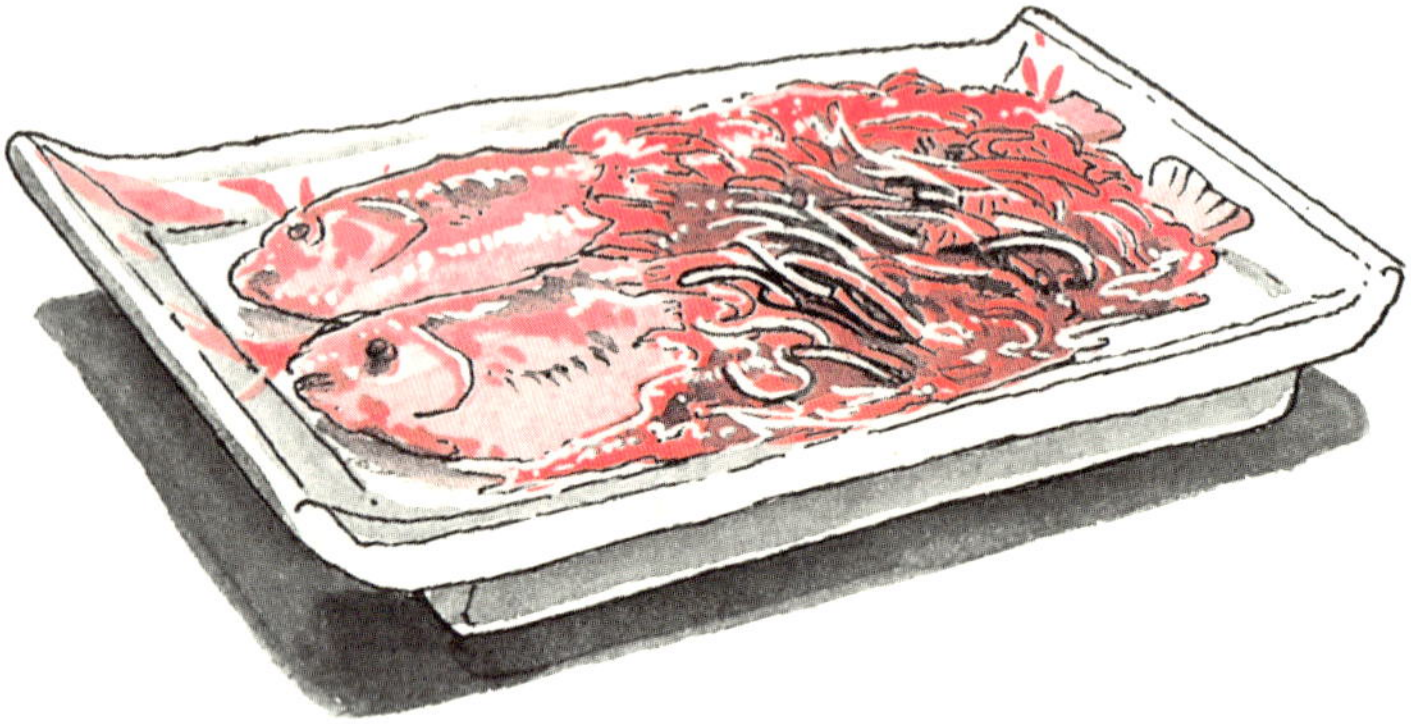

❖作り方

①**魚を水洗いする**　あじは内臓とえらを取って塩水で洗い、水気をきる。

②**下味をつける**　あじに下味の調味料をからませ、片栗粉を全体にまぶし、余分な粉を落として、霧を吹きつける。

③**野菜を切る**　しいたけ、ピーマン、赤ピーマン、たまねぎをせん切りにする。

④**魚を揚げる**　油を180度に熱し、あじの両面を色よく揚げて皿に盛る。

⑤**野菜を炒める**　中華鍋を空焼きしてサラダ油を熱し、にんにく、しょうがを香りよく炒め、③を加えて炒める。

⑥**甘酢あんで煮つめる**　⑤に甘酢あん4/5カップを加え味がなじむまで煮る。

⑦**仕上げ**　⑥に水溶き片栗粉を少しずつ回し入れ、とろみがついたら④のあじの上にかける。

ひとくちメモ

あじに限らずほかの魚に、あんをかけて蒸してもいいよ。
霧を吹きつけるのは、油の中で粉が散らないため。

下味をつける
内臓と
えらを取って
塩水で洗う
野菜を切る
しいたけ
ピーマン
赤ピーマン
たまねぎ
霧を吹きつける
野菜を炒める
水溶き
片栗粉
魚を
揚げる
あん
あじの上
にかける
煮つめる

材料（4人前）

あじ……………………中4尾
下味
　塩・こしょう・ごま油各少々
干ししいたけ（もどす）…1枚
ピーマン・赤ピーマン…各½個
たまねぎ………………小1個
にんにく・しょうが…各少々
●サラダ油・片栗粉・酒

甘酢あん（多めにできるので、冷蔵庫で保存する。）

水½カップ、酢1½カップ、砂糖1カップ強、トマトケチャップ½カップ、とんかつソース・ウスターソース各大さじ3、いちごジャム大さじ2、塩少々、梅ぼし2個、レモン汁½個分

さっぱりした味が素材のうまさを引き出す

季節野菜のかに肉あんかけ

作り方

①**かに肉を用意する**　かに肉は缶詰でもいいが、冷凍物は解凍しほぐしておく。

②**野菜を下ゆでする**　白菜などの野菜は縦に四つ切りにし、熱湯にサラダ油大さじ1と塩少々を加えて柔らかくゆで、水気をよくきって皿に敷く。

③**卵白を溶きほぐす**　卵白はボールに入れ、よく溶きほぐす。

④**あんと煮る**　鍋を熱して油大さじ1をひき、あんのスープを入れて煮立て、①のかに肉を加えて、こしょう、うまみ調味料、ごま油で味をととのえ、ひと煮立ちさせる。

⑤**仕上げ**　④に水溶き片栗粉大さじ2を少しずつ入れてとろみをつけ、③の卵白を流し込んで全体を大きく混ぜ合わせ、熱いうちに②の上にかけて食べる。

ひとくちメモ

かに肉のあんは塩とスープをベースにしたさっぱり味。
白いあんは彩りの鮮やかな野菜とぴったり。

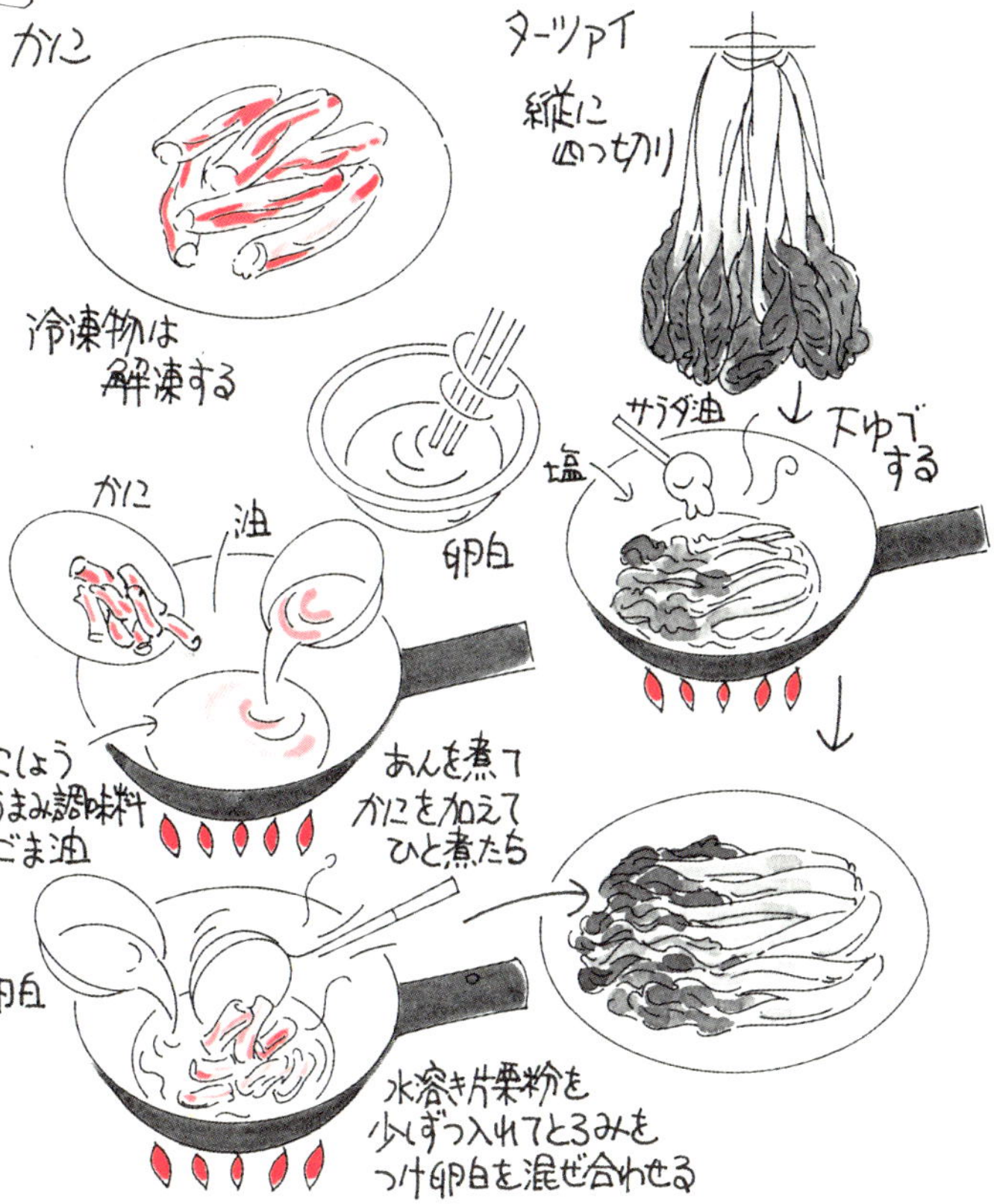

かに
冷凍物は
解凍する
ターツァイ
縦に
四つ切り
下ゆでする
サラダ油
塩
卵白
かに
油
こしょう
うまみ調味料
ごま油
あんを煮て
かにを加えて
ひと煮たち
卵白
水溶き片栗粉を
少しずつ入れてとろみを
つけ卵白を混ぜ合わせる

材料（4人前）

季節野菜（白菜、ターツァイなど）……………………400g
かにの缶詰 ……………100g
卵白………………………½個
あん
　スープ⅔カップ、塩小さじ1、こしょう・うまみ調味料・ごま油各少々
●サラダ油・片栗粉・塩

甘ずっぱい、こりこりした歯ざわりが絶品

くらげの甘酢あえ

❖作り方

①**くらげをもどす**　沸騰したたっぷりの湯に手でほぐしながら入れ、再び沸騰する前にサッと上げて冷水にとり、水にさらしておく。

②**貝割れ菜を用意する**　根元を切って水洗いし、水気をよくきっておく。

③**錦糸卵をつくる**　割りほぐした卵に塩を加え、鍋を熱して油をひき、薄焼きにして冷ましたあとで細く切る。

④**ソースであえる**　ボールに調味料の材料を合わせ、①の水気をよくふきとって入れ、手でもむようにあえる。

⑤**仕上げ**　④の味がなじんだら、②の貝割れ菜を加えてサッと混ぜ合わせる。

⑥**盛りつける**　⑤を器にこんもりと盛り、上に③の錦糸卵をのせ、食べるときに混ぜる。

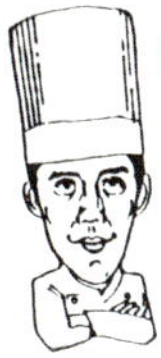

ひとくちメモ

くらげは過熱しすぎると堅くなるので要注意。冷蔵庫に一晩おくときは何度か水をかえて。

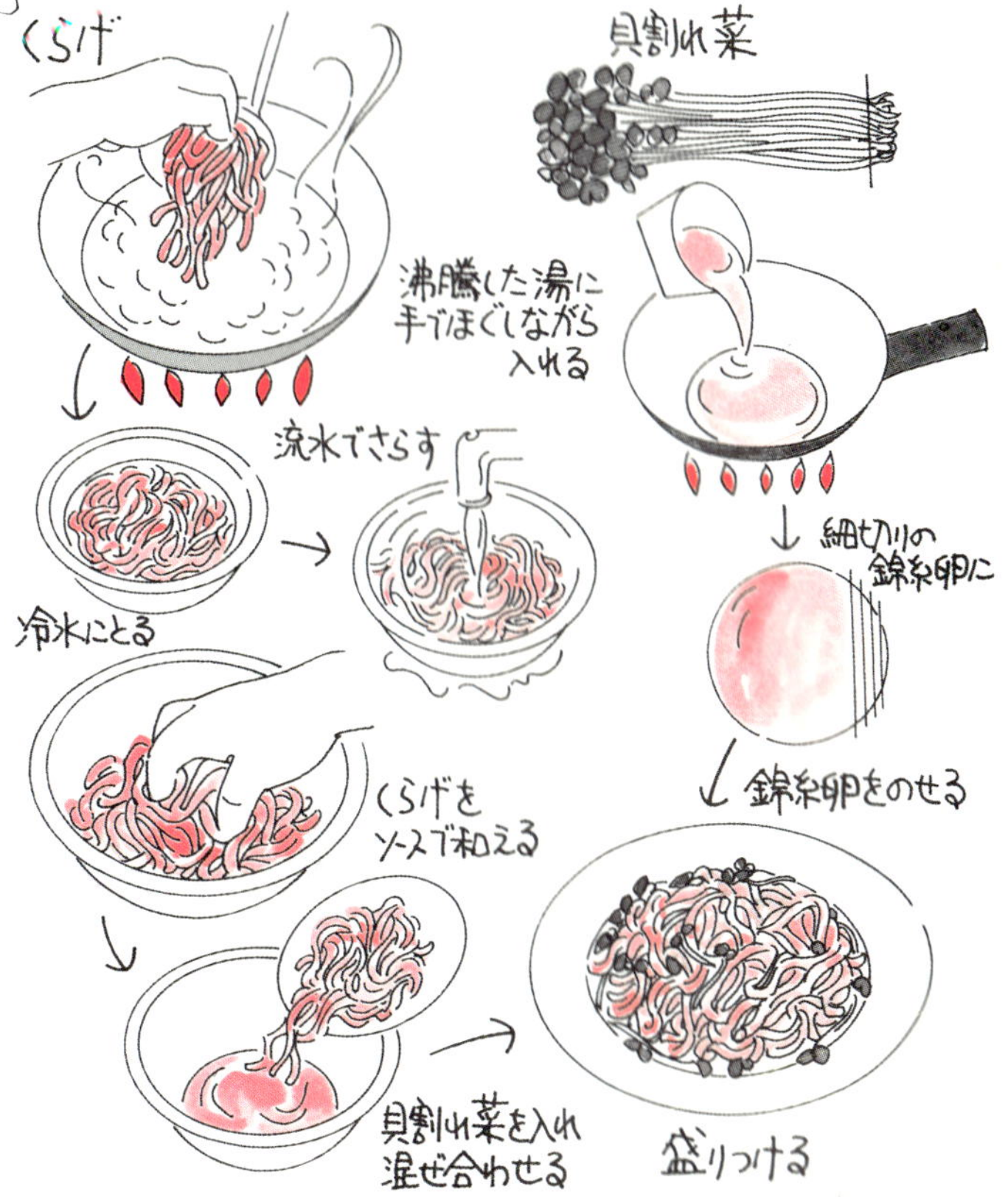

くらげ
貝割れ菜
沸騰した湯に手でほぐしながら入れる
冷水にとる
流水でさらす
細切りの錦糸卵に
くらげをソースで和える
錦糸卵をのせる
貝割れ菜を入れ混ぜ合わせる
盛りつける

材料（4人前）

塩蔵くらげ……………150g
貝割れ菜……………½パック
卵……………………½個分
甘酢ソース
　砂糖・酢各大さじ2、しょうゆ大さじ1½、塩小さじ½、うまみ調味料少々
●サラダ油・塩

どんな料理にもよく合う中華風漬けもの

きゅうりと白菜の甘酢漬け

作り方

①材料を切る　きゅうりは半分に切って縦に四つ割りにし、白菜は軸の部分だけを長さ10㎝、幅2㎝くらいに切る。

②塩をふる　①にそれぞれ塩をふり、手で軽くもんで、しばらくおく。

③香味野菜を切る　ねぎは斜め薄切り、しょうが、にんじんはせん切りに、赤唐辛子は小口切りにしておく。

④バットに並べる　②がしんなりしてきたら、水で洗って堅く絞り、バットの底に③のしょうがとねぎを敷き、その上に②の野菜を区分けして並べる。

⑤甘酢で漬け込む　④に甘酢の材料を混ぜてかけ、その上に③の赤唐辛子とにんじんを散らし、2時間以上漬け込む。

⑥仕上げ　⑤の味がなじんだら、ごま油を熱して回しかけ、一晩おく。

ひとくちメモ

ラー油をきかせた棒棒鶏用のごまソースは、ゆでた肉や魚、野菜にもよく合うんだ。

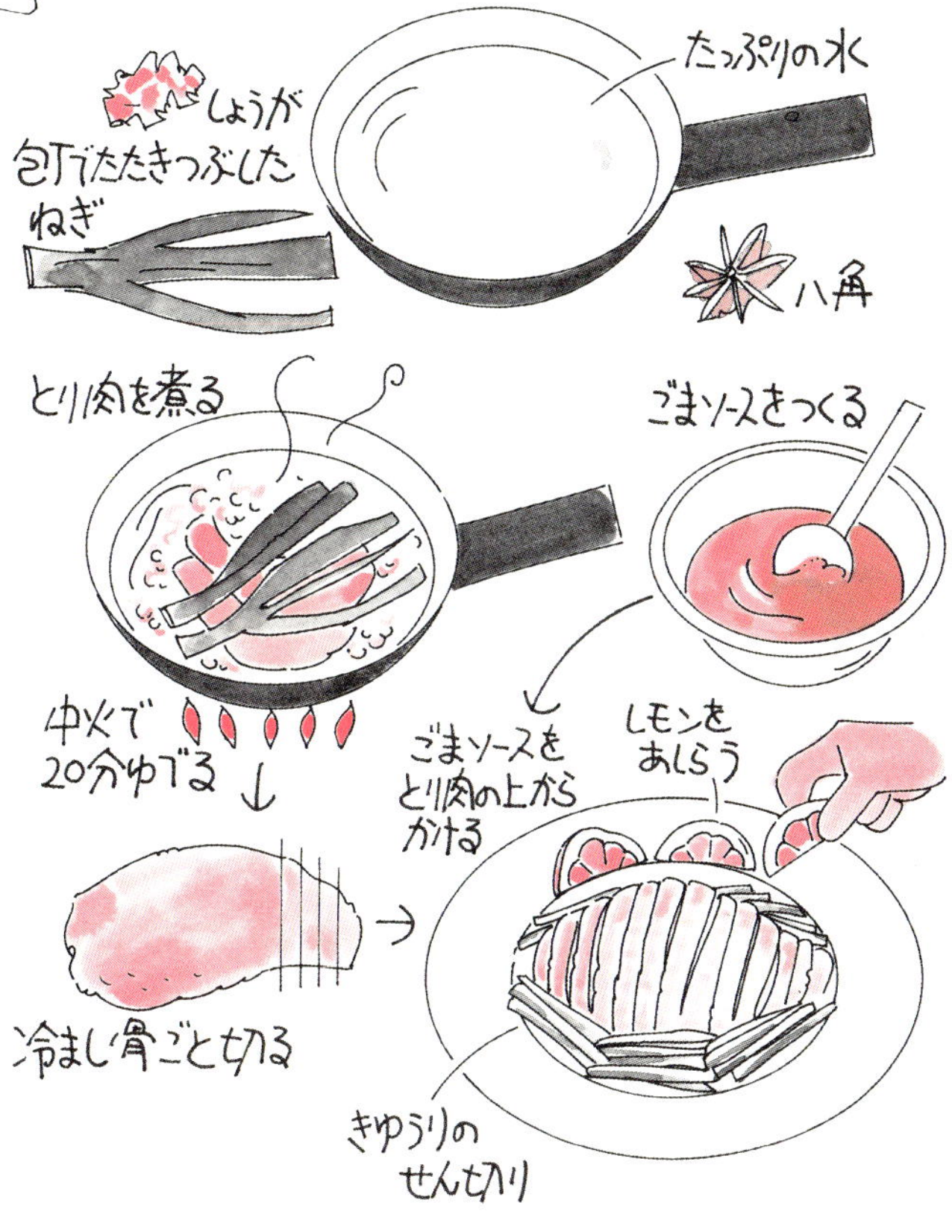

しょうが
包丁でたたきつぶしたねぎ
たっぷりの水
八角
とり肉を煮る
ごまソースをつくる
中火で20分ゆでる
ごまソースをとり肉の上からかける
レモンをあしらう
冷まし骨ごと切る
きゅうりのせん切り

材料（4人前）

鶏骨つきもも肉…………2本
しょうが……………………1片
ねぎ（青い部分）…………2本
八角…………………………1個
きゅうり……………………1本
レモン………………………適宜
塩……………………………適宜

ごまソース
酢大さじ3、しょうゆ大さじ3、砂糖大さじ3、芝麻《チーマー》醤《ジャン》大さじ3、ねぎのみじん切り1/3本分、しょうがのみじん切り大さじ1、ラー油小さじ1/2

カシューナッツの香りを添えてまろやかに

えびのマヨネーズあえ

❖作り方

①**下味をつける**　大正えびは背わたや殻をとり、包丁を背に入れて開き、下味の材料を加えて手でよく混ぜ合わせる。

②**えびを巻く**　背を内側にして、尾から頭にむけて堅く巻く。

③**片栗粉をまぶす**　②に片栗粉をたっぷりつけ、手で軽く握って形を整える。

④**ソースをつくる**　材料を混ぜ合わせる。

⑤**野菜を用意する**　長ねぎと赤ピーマンはせん切りにし、水にさらしておく。

⑥**油で揚げる**　揚げ油を160度くらいに熱して③のえびを入れ、火が十分に通るように約10分間ゆっくり揚げる。

⑦**ソースであえる**　油をきった⑥を熱いうちに④のソースに入れてあえ、器に盛って周りに⑤をのせ、カシューナッツの粗みじん切りをふりかける。

ひとくちメモ

えびは堅く巻いてあるので少し時間がかかるよ。
中温より低めの油でゆっくり揚げること。

大正えび
ねぎ
赤ピーマン
ソースをつくる
片栗粉をまぶす
揚げる
160度
ソースで和える
器にもる

材料（4人前）

大正えび……………………12尾
下味
　塩・こしょう・ごま油各少々、
　卵白½個分、
カシューナッツ…………少々
ねぎ・赤ピーマン……各少々
ソース
マヨネーズ1カップ、トマトケチャップ大さじ3、コンデンスミルク（練乳）大さじ4、エバミルク大さじ3、ジン小さじ1、塩・パセリ各少々
●サラダ油・塩・片栗粉

知っておきたい中華料理のポイント4

合わせ調味料の作り方

日本には「手前みそ」という言葉があるけど、僕がおふくろから教わったのも、わが家の手作りソース。簡単に作れて、保存もきくし、市販品にも負けないよ。

甘酢あん

あんかけ用

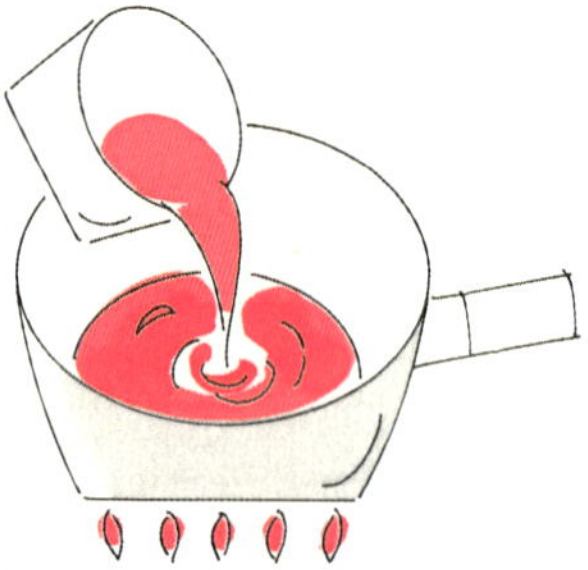

①材料を全部混ぜ合わせて火にかけ、とろりとするまで煮立てる。

ごまソース

あえもの用

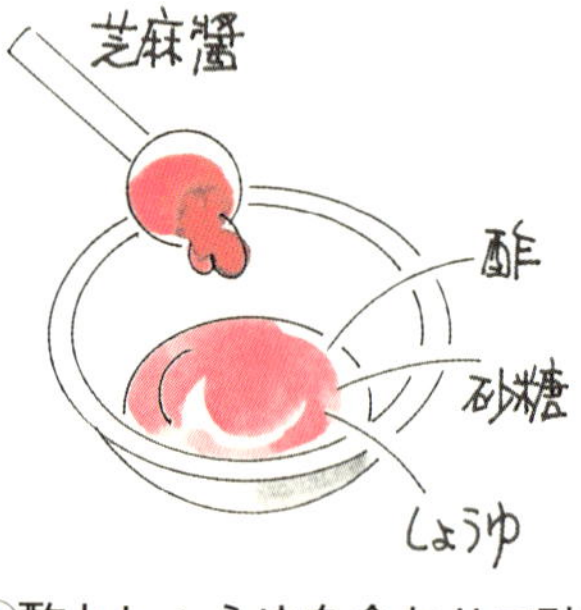

①酢としょうゆを合わせて砂糖を加え、よく混ぜ合わせて芝麻醤《チーマージャン》を入れ、全体をむらなく混ぜる。

材料：水½カップ、酢1½カップ、砂糖1カップ強、トマトケチャップ½、とんかつソース・ウスターソース各大さじ3、いちごジャム大さじ2、塩少々、梅ぼし2個、レモン汁½個分

②本来はさんざしを使うけど家庭では、いちごジャムで代用できる。

③片栗粉でとろみを先につけるかどうかは、料理によって違ってくるんだ。

材料：酢大さじ3、しょうゆ大さじ3、砂糖大さじ3、芝麻醤大さじ3、ねぎのみじん切り大さじ⅓本分、しょうがのみじん切り大さじ1、ラー油小さじ½

②ねぎとしょうがのみじん切りを加えて混ぜ合わせる。

③ラー油は好みに合わせて入れ、味が濃すぎるときはスープか湯を加えてのばす。

肉だんごにスープをたっぷりふくませて

肉だんごと白菜の炊きスープ

作り方

①**スープをとる**　内臓を除いたとり肉と豚骨を流水で洗い、湯をたっぷり沸かして入れ、煮立ってアクが浮いてきたら取り出す。再び水洗いして汚れを落とし、分量の湯に入れて中火で約1時間、アクをとりながら煮、こし器でこす。

②**だんごをつくる**　ひき肉に下味の材料を加え、粘りが出るまで手でじゅうぶんに混ぜ、一口大のだんごにする。

③**下ゆでにする**　②を熱湯で表面が白く変わる程度にゆで、アクをぬく。

④**野菜を切る**　白菜は一口大のざく切り、干ししいたけはもどしてそぎ切り、にんじんはせん切りにする。

⑤**スープで仕上げる**　①の上ずみを煮立てて③、④、しょうがを入れ、白菜に火が通るまで煮込み、塩味をつける。

ひとくちメモ

肉だんごは下ゆでをしなくても、スープの味がしみこんでおいしい味に仕上がるよ。

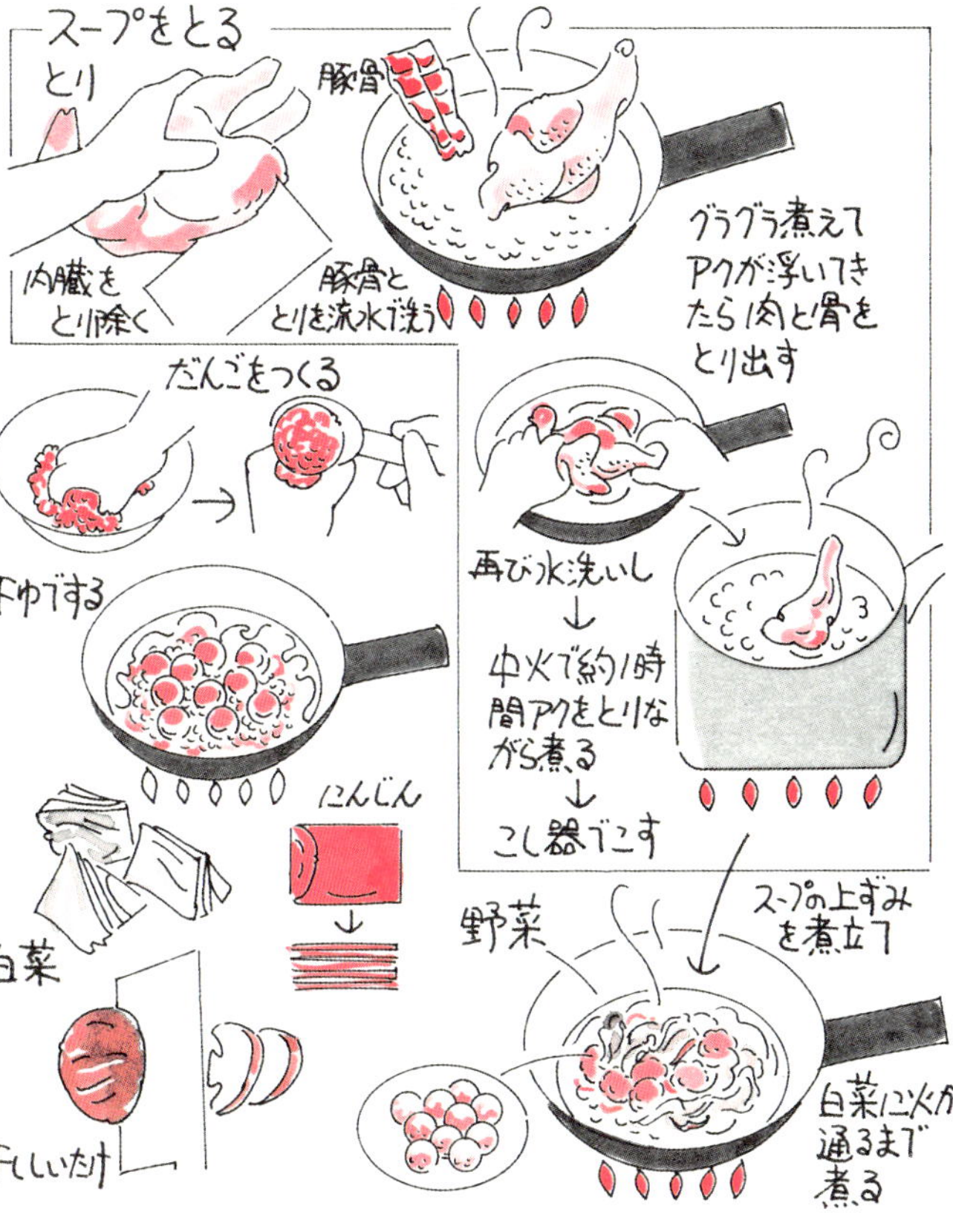

スープをとる
とり
豚骨
内臓をとり除く
豚骨ととりを流水で洗う
グラグラ煮えてアクが浮いてきたら肉と骨をとり出す
だんごをつくる
再び水洗いし
↓
中火で約1時間アクをとりながら煮る
↓
こし器でこす
下ゆでする
にんじん
白菜
干ししいたけ
野菜
スープの上ずみを煮立て
白菜に火が通るまで煮る

材料（4人前）

スープ………………4カップ
　とり1羽、豚骨1個、湯14 ℓ
豚ひき肉……………… 200 g
下味
　塩・こしょう・うまみ調味料各少々、卵1/3個、片栗粉大さじ1 1/2

白菜（芯の部分）……… 250 g
干ししいたけ……………3枚
にんじん…………………少々
しょうが（薄切り）………1枚
●塩

スープストックをあっさり味に仕上げた

季節野菜と白身魚のスープ

❖作り方

①**2番スープをとる**　110ページの要領で最初に作ったスープ（1番スープ）のストックに、湯6ℓを加え、火にかけてアクを取りながら、中火で約30分煮込み、上ずみをすくいとる。

②**具の材料を切る**　野菜は水洗いして四つ割りにし、白身魚は一口大にそぎ切りにする。

③**下ゆでする**　②の野菜と白身魚をそれぞれ下ゆでする。

④**スープで煮込む**　中華鍋に油を熱して酒を加え、①のスープを注いで入れ、③の野菜と白身魚を加え、ひと煮立ちさせる。

⑤**味つけをする**　合わせ調味料を加えて味をととのえ、サッと煮込んで味をなじませ、器によそう。

ひとくちメモ

スープはすね肉やもも肉でもＯＫ。最初に作ったスープを生かすのが２番スープだよ。

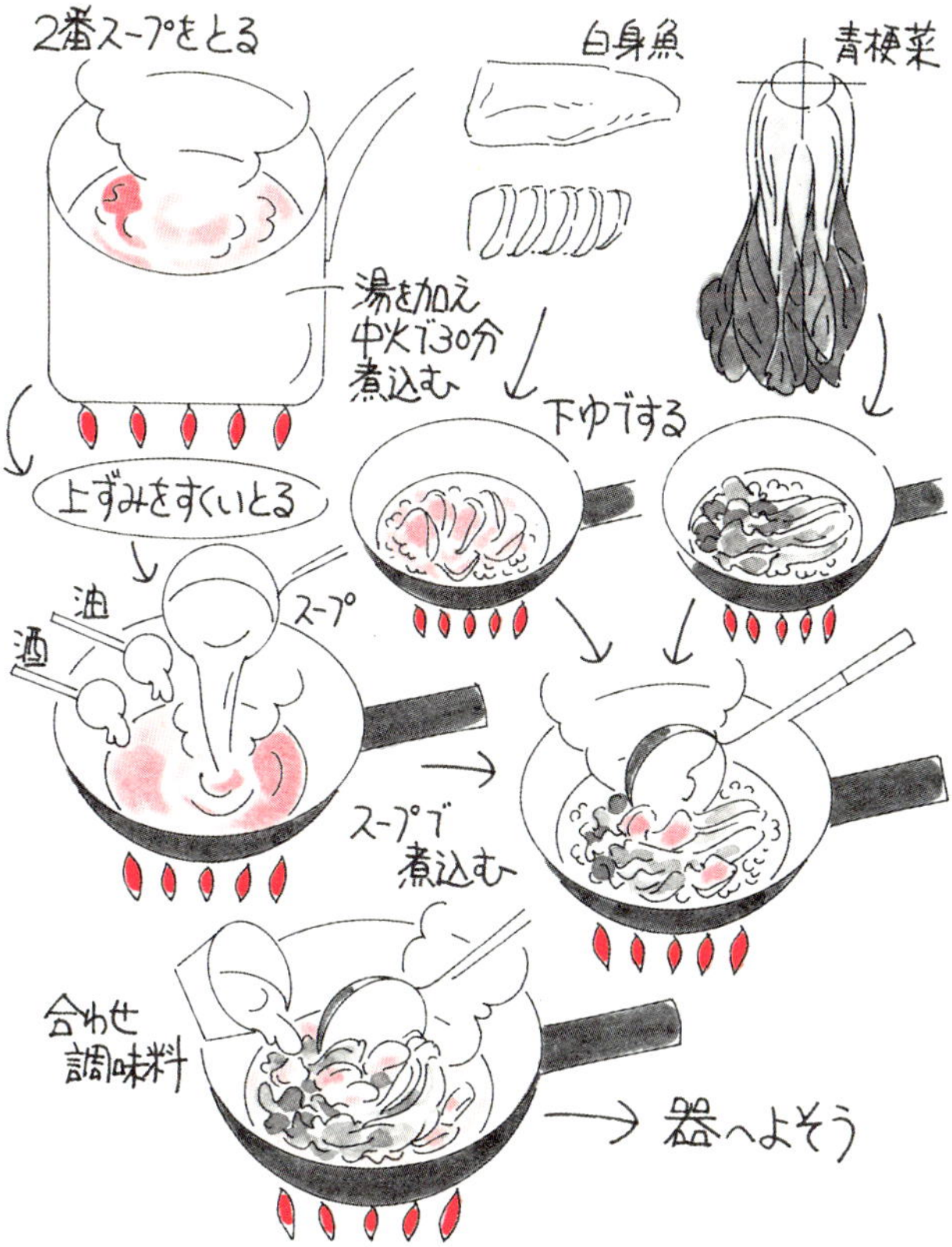

2番スープをとる
白身魚
青梗菜
湯を加え
中火で30分
煮込む
下ゆでする
上ずみをすくいとる
油
酒
スープ
スープで煮込む
合わせ
調味料
器へよそう

❖材料（4人前）

スープ………………３カップ
湯…………………………６ ℓ
季節野菜（青梗菜《チンゲンツァイ》・ターツァイ
　など）…………………３株
白身魚（たい、かれいなど）
　………………………１切れ
サラダ油……………大さじ１
合わせ調味料
　塩小さじ１強、うまみ調味料・サラダ油各少々
●塩

青菜の香りを添えてコクのあるスープに

じゃがいもと青菜のスープ

❖作り方

①**スープを用意する**　スープは110ページの要領で作るか、スープの素を湯で溶かしておく。

②**じゃがいもを下ゆでする**　じゃがいもは皮をむいて乱切りにし、柔らかくゆで、粗くつぶす。

③**青菜を用意する**　青菜は1㎝幅に切っておく。

④**ひき肉を炒める**　なべに油大さじ1を熱してひき肉を炒め、油をきる。

⑤**スープと合わせる**　中華鍋を洗って油を熱し、酒を加え、①のスープを注いで④の肉と③の青菜を加える。

⑥**味つけ**　⑤をひと煮立ちさせて合わせ調味料で味をととのえ、水溶き片栗粉大さじ2でとろみをつけ、②を入れてサッと火にとおす。

ひとくちメモ

手早く作りたいとき、固形スープは便利だけど、せめて具にはこだわってほしいね。

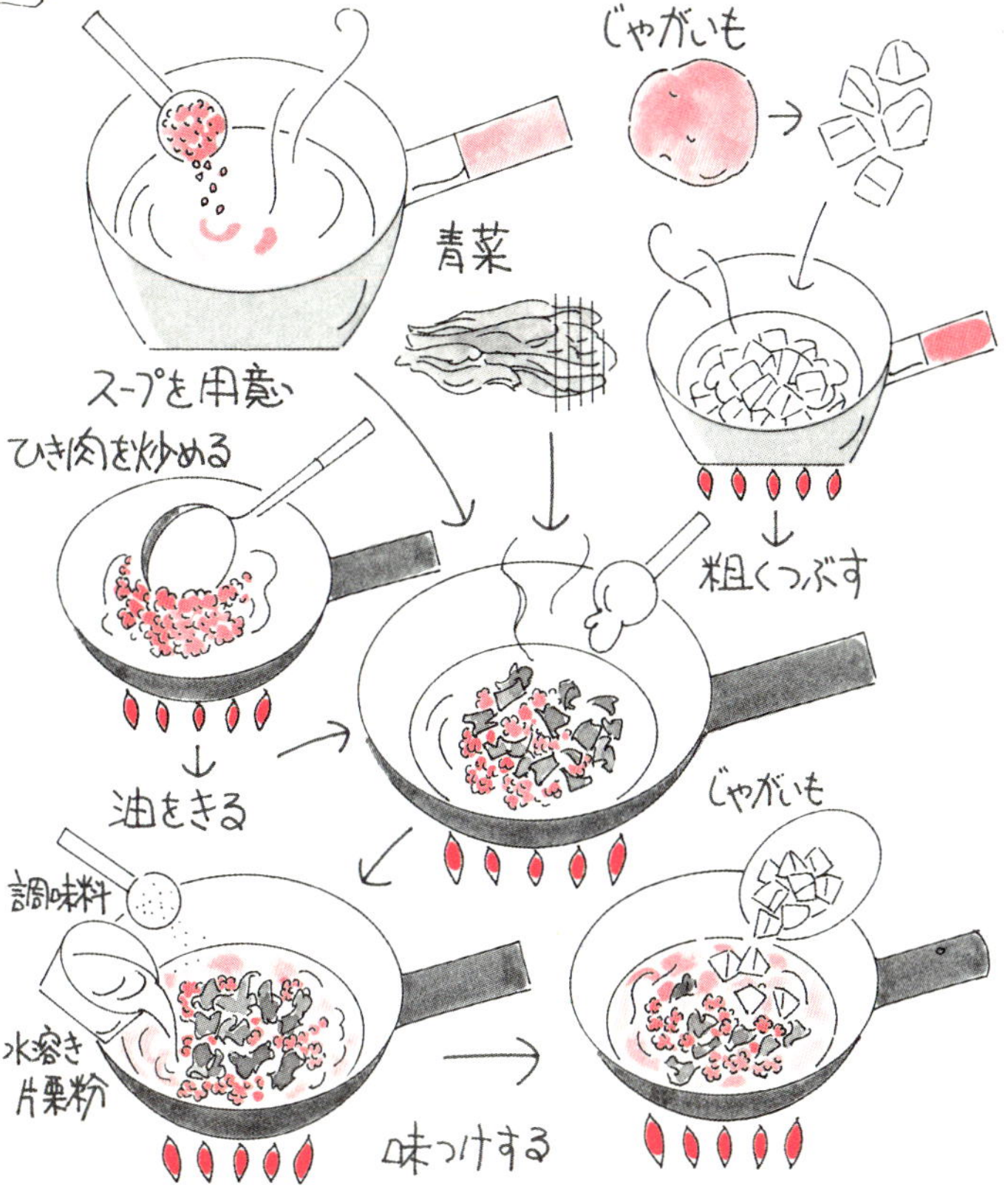

じゃがいも
青菜
スープを用意
ひき肉を炒める
粗くつぶす
油をきる
じゃがいも
調味料
水溶き
片栗粉
味つけする

❖材料（4人前）

じゃがいも…………… 300g
青菜…………………………80g
豚ひき肉……………… 100g
スープ……………… 3カップ

合わせ調味料
塩小さじ1、こしょう・うま
み調味料各少々
●サラダ油・片栗粉

みつ葉をたっぷりのせて風味ゆたかに

のりと卵のスープ

スープ

❖作り方

①スープを用意する　110ページの要領でスープをつくるか、スープの素を湯で溶かしておく。

②のりを火であぶる　のりを軽く火であぶり、手で大きめにちぎっておく。

③卵を溶く　ボールに卵を溶きほぐす。

④味つけをする　鍋にサラダ油大さじ1を熱して酒大さじ1を入れ、スープを加えて、塩・しょうゆ各小さじ1強、うまみ調味料少々で味をととのえる。

⑤のりを加える　④に②ののりを入れてひと煮立ちさせ、③をなべの外側から流し入れる。

⑥仕上げ　⑤に火が通ったら、ねぎの小口切りを加えて火をとめ、器に盛って、3cmに切ったみつ葉を散らす。

ひとくちメモ

中国ののりは、日本のものより厚みがあるので、スープなどに利用されるんだ。

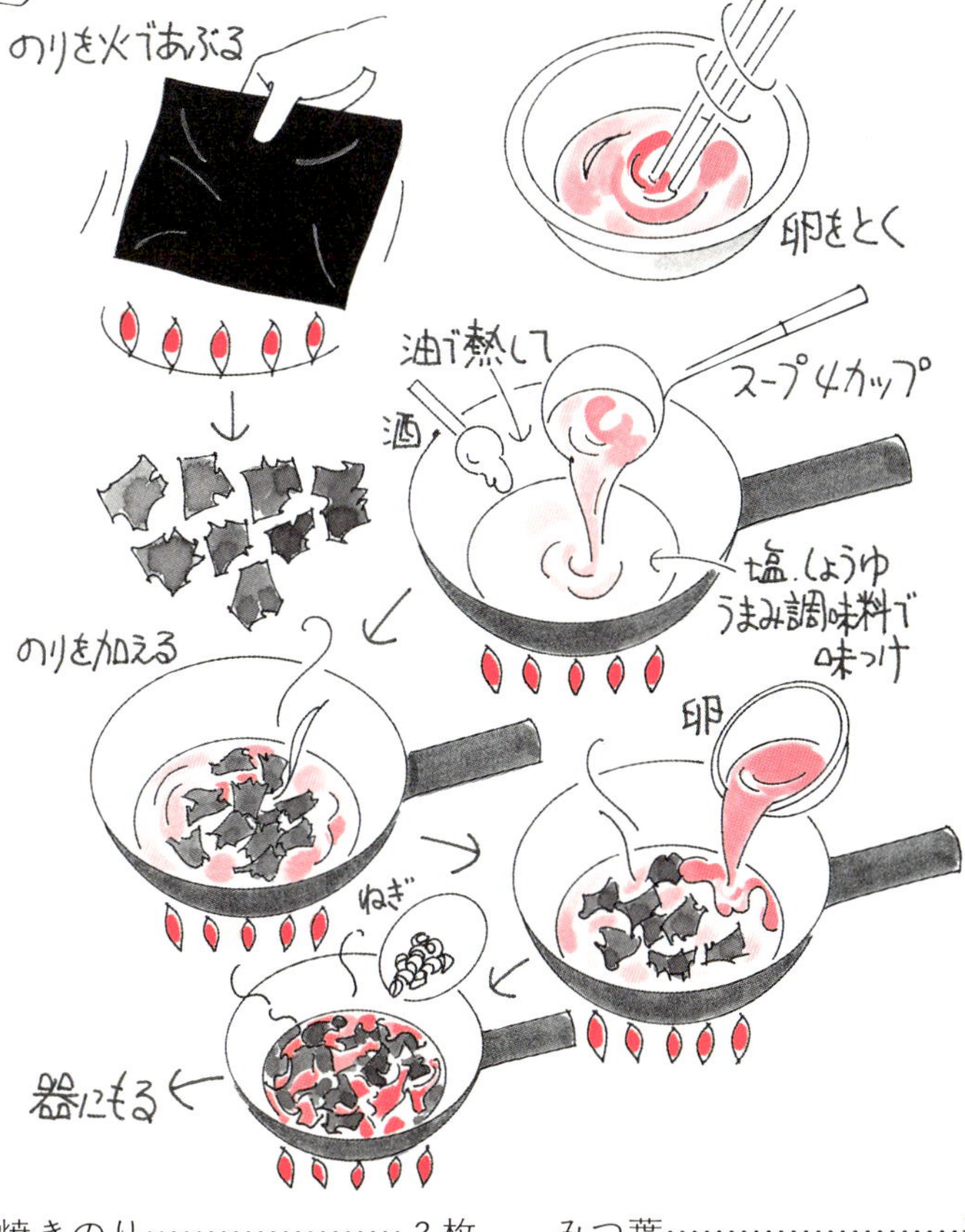
のりを火であぶる
卵をとく
油で熱して
スープ4カップ
酒
塩.しょうゆ
うまみ調味料で
味つけ
のりを加える
卵
ねぎ
器にもる

❖材料(4人前)

焼きのり……………………2枚
卵……………………………2個
スープ………………4カップ
ねぎ…………………大さじ1
みつ葉……………………適宜
●サラダ油・酒・しょうゆ・塩・うまみ調味料

身近な材料を使ってプロなみの味つけに

レタスと卵のスープ

❖作り方

①スープを用意する　スープストックがあれば112ページの要領で2番スープをとるか、スープの素を湯でとかしておく。

②野菜を切る　レタスは洗って縦に半分に切り、さらに横に六等分の短冊切りにし、しいたけは石づきをとってせん切りにする。

③スープを火にかける　鍋を熱してサラダ油少量を入れ、酒とスープを注ぎ、②の野菜を加える。

④味つけをする　③をひと煮立ちさせ、合わせ調味料で味つけし、スープが煮立ったら、卵を割りほぐして回し入れる。

⑤仕上げ　④がもう一度煮立ってから、最後にごま油をふって香りをつける。

ひとくちメモ

最初にとるスープはふかひれなどの魚介類に、2番スープは野菜類に用いるのがプロ流。

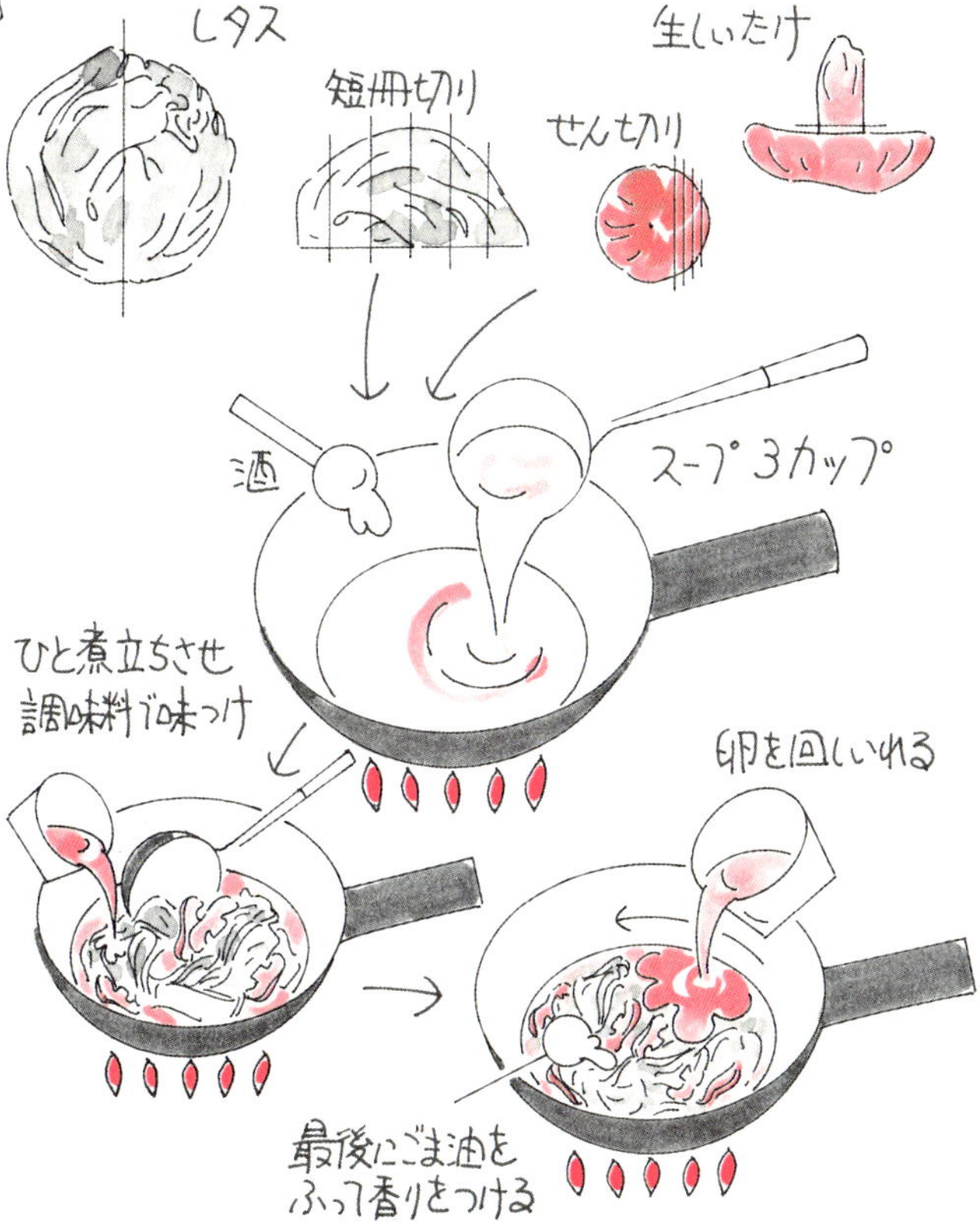

レタス
短冊切り
生しいたけ
せん切り
酒
スープ3カップ
ひと煮立ちさせ
調味料で味つけ
卵を回しいれる
最後にごま油を
ふって香りをつける

材料（4人前）

- スープ……………… 3カップ
- レタス…………………… 1個
- 卵…………………………… 1個
- 生しいたけ……………… 4個
- サラダ油…………… 大さじ1
- 酒…………………… 大さじ½
- 合わせ調味料
  - 塩・しょうゆ各小さじ1
- ごま油……………… 小さじ1
- ●サラダ油・塩

コーヒー風味のさっぱりした甘さのデザート

タピオカのココナツミルク

❖作り方

①**タピオカをもどす** たっぷりした水に約10分ほどつけてもどす。

②**熱湯でゆでる** 大きな鍋に湯をたっぷり沸かし、表面が透き通るまで（中心の芯は白いものが残るくらい）ゆで、ザルに取って水にさらしておく。

③**ココナツミルクと煮る** 鍋にココナツミルク、砂糖、水1カップを入れて温め、①のタピオカを水気をきって加え、ひと煮立ちさせる。

④**甘さを調節する** ③に牛乳を好みに合わせて加え、甘さを調節する。

⑤**冷蔵庫で冷やす** ④の粗熱がとれたら冷蔵庫で冷やしておく。

⑥**フルーツを加える** ⑤を器に注ぎ、インスタントコーヒーを湯で溶いて加え、フルーツを食べやすく切って加える。

ひとくちメモ

タピオカはでんぷん質なので、鍋底を混ぜながらゆで、指でつぶすとゆで加減も分かるよ。

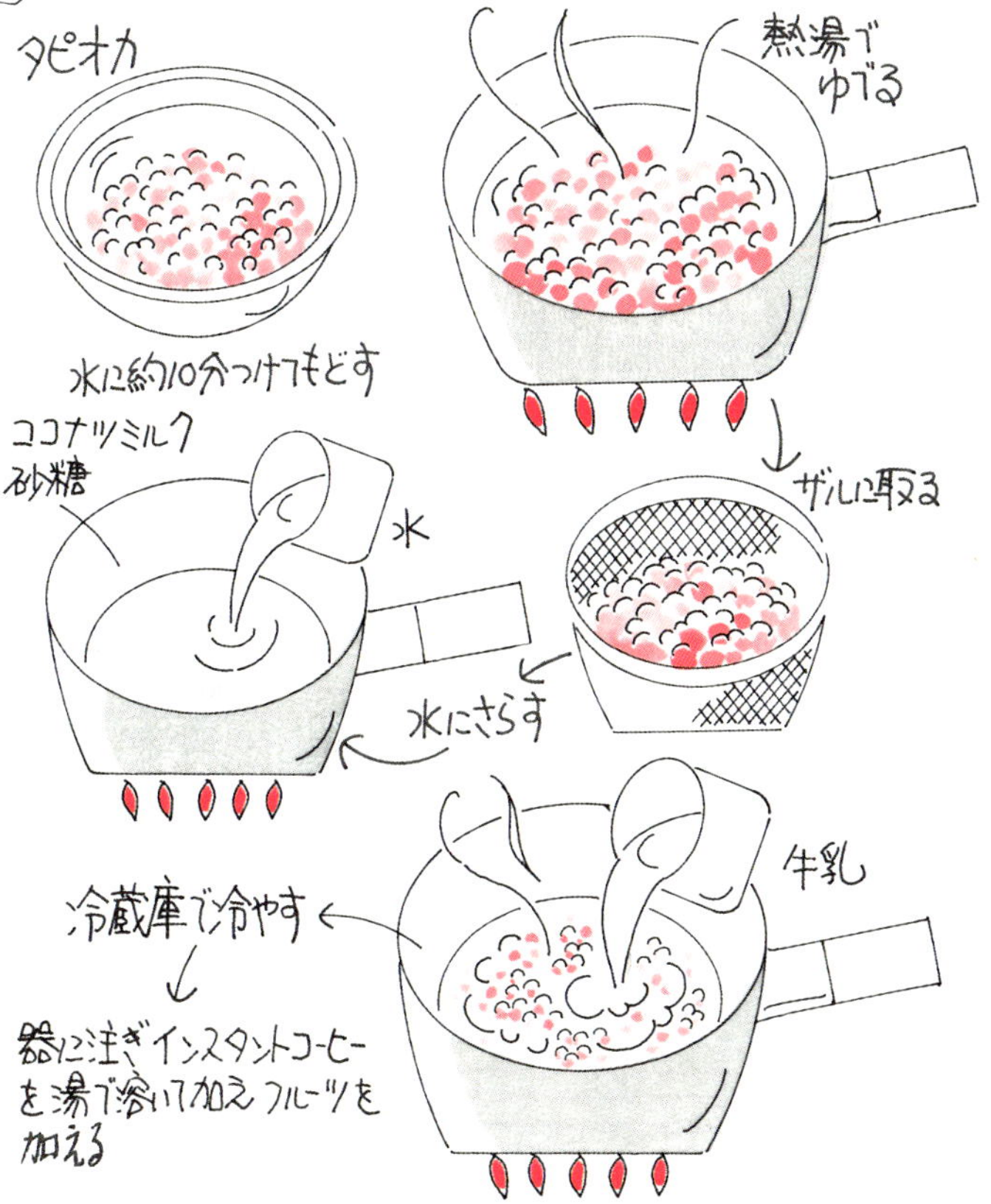

タピオカ
水に約10分つけてもどす
熱湯でゆでる
ザルに取る
水にさらす
ココナツミルク
砂糖
水
牛乳
冷蔵庫で冷やす
器に注ぎインスタントコーヒーを湯で溶いて加えフルーツを加える

材料（4人前）

タピオカ……………1/3カップ
ココナツミルク（缶詰の無糖）
……………………1カップ
砂糖………………3/4カップ
牛乳………………1カップ
インスタントコーヒー
……………………大さじ1/4
フルーツ（メロン、イチゴなどの季節のもの）………適宜

知っておきたい
中華料理のポイント5

スープのとり方

スープは他の料理にも使われる貴重な材料なので、多めに作ってストックしておきたい。干し貝柱や干しえびのもどし汁も、うまみがあるので利用したいところ。

一般的なスープ

①とり肉（手羽先でも可）は縦半分に切って水洗いし、沸騰した湯に入れて余分な脂が浮いてきたら、引き上げる。

ラーメンスープ

①豚あばら骨と鶏ガラは流水できれいに洗い、大鍋に湯を沸騰させて入れ、煮立ってアクが出てくるまでゆでる。

②冷水でとり肉をきれいに洗い、大鍋に湯を沸騰させて入れ、豚骨を加えて最初は強火で、煮立ったら弱火で煮込む。

③途中に浮いてくるアクを取り除きながら、弱火で１時間煮込み、はしが肉にすっと通るようになったらＯＫ。

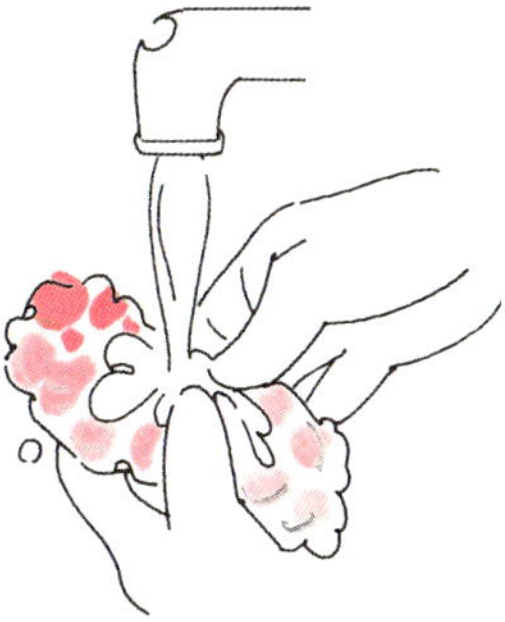

②取り出した骨や肉類は、流水でていねいに洗い、汚れやアクを取り除き、スープに臭みを残さないようにする。

③鍋に分量の湯を入れて煮立て、②の骨や鶏ガラを加える。アクを取りながら中火で１時間ほど煮て、こし器でこす。

プロに学ぶ調理テクニック 5

オーブンで作る簡単チャーシュー

食べておいしいだけでなく、料理の材料として何かと重宝なチャーシュー(焼き豚)。簡単に作る方法を紹介するから、自分でも焼き加減を見ながら、作ってみてほしい。

材料：豚肩ロース肉(かたまり) 1 kg、たれ(砂糖カップ 1 ½、塩小さじ 1 、しょうゆカップ 1 、紹興酒カップ½〜⅓、卵 1 個、赤みそ大さじ 2)

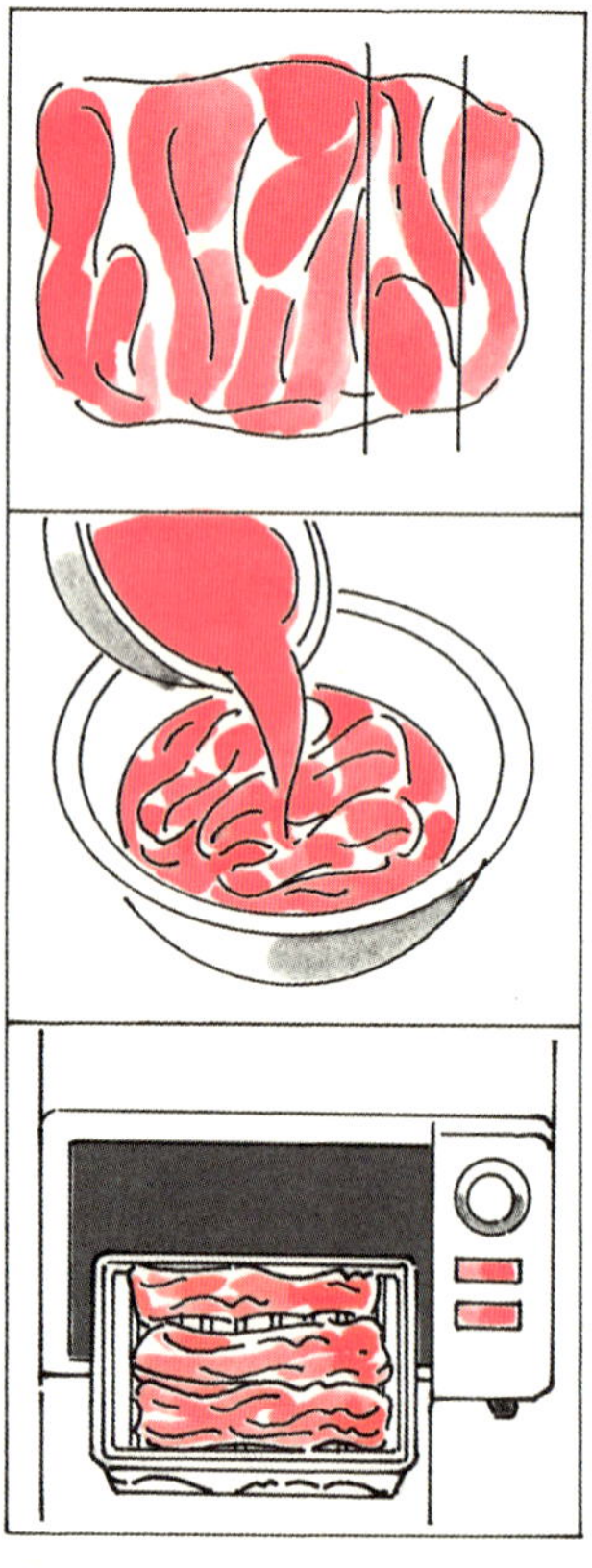

①豚肉（もも肉でも可）は、縦に2.5cm幅くらいに切り、大きめのボールに入れる。

②たれの材料を砂糖が完全に溶けるまで混ぜ、肉にかけて手でもみ込むようにして混ぜ合わせ、30〜40分おく。

③天板に網をのせ、肉を並べ250度のオーブンで12〜15分焼く。さらに裏返して12〜15分焼く。

PART VI

麺《ミエン》・飯《ファ》

めん類
ご飯

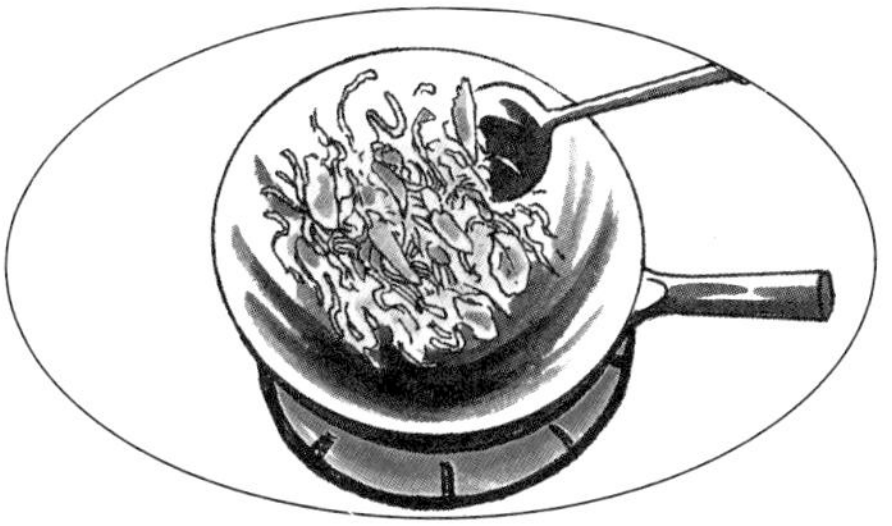

中華料理のめん類は、ビーフンや春雨なども含み、腹ごしらえのメニューとしては最適。ご飯ものは、僕が最初に作ったチャーハンや、人気のあるおかゆまで紹介するよ。

ねぎの香りと辛みをきかせて本格中華の味わい

ねぎそば

めん類・ご飯

❖作り方

①**スープをとる**　豚あばら骨と鶏ガラを流水で洗い、たっぷり沸かした湯に入れ、煮立ってアクが浮いてきたら取り出し、再度流水で洗う。分量の湯を煮立てた鍋に入れ、中火で1時間アクをとりながら煮出し、こし器でこす。

②**野菜を切る**　ねぎは5㎝の長さに、焼き豚とともにせん切りにする。

③**調味料と野菜を合わせる**　ボールに調味料Aを入れ、②を加えて混ぜる。

④**たれを器に入れる**　どんぶりに調味料Bを入れておく。

⑤**めんをゆでる**　たっぷりの湯を沸かし、生めんをほぐしてゆで、ザルにとる。

⑥**仕上げ**　④のたれにスープを入れてのばし、⑤のめんを入れ、③をのせる。

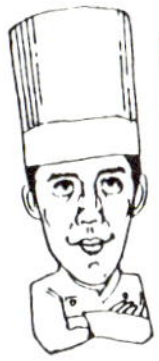

ひとくちメモ

スープは肉がたくさんついた豚あばら骨か、なければ豚スペアリブを代用してもＯＫ。

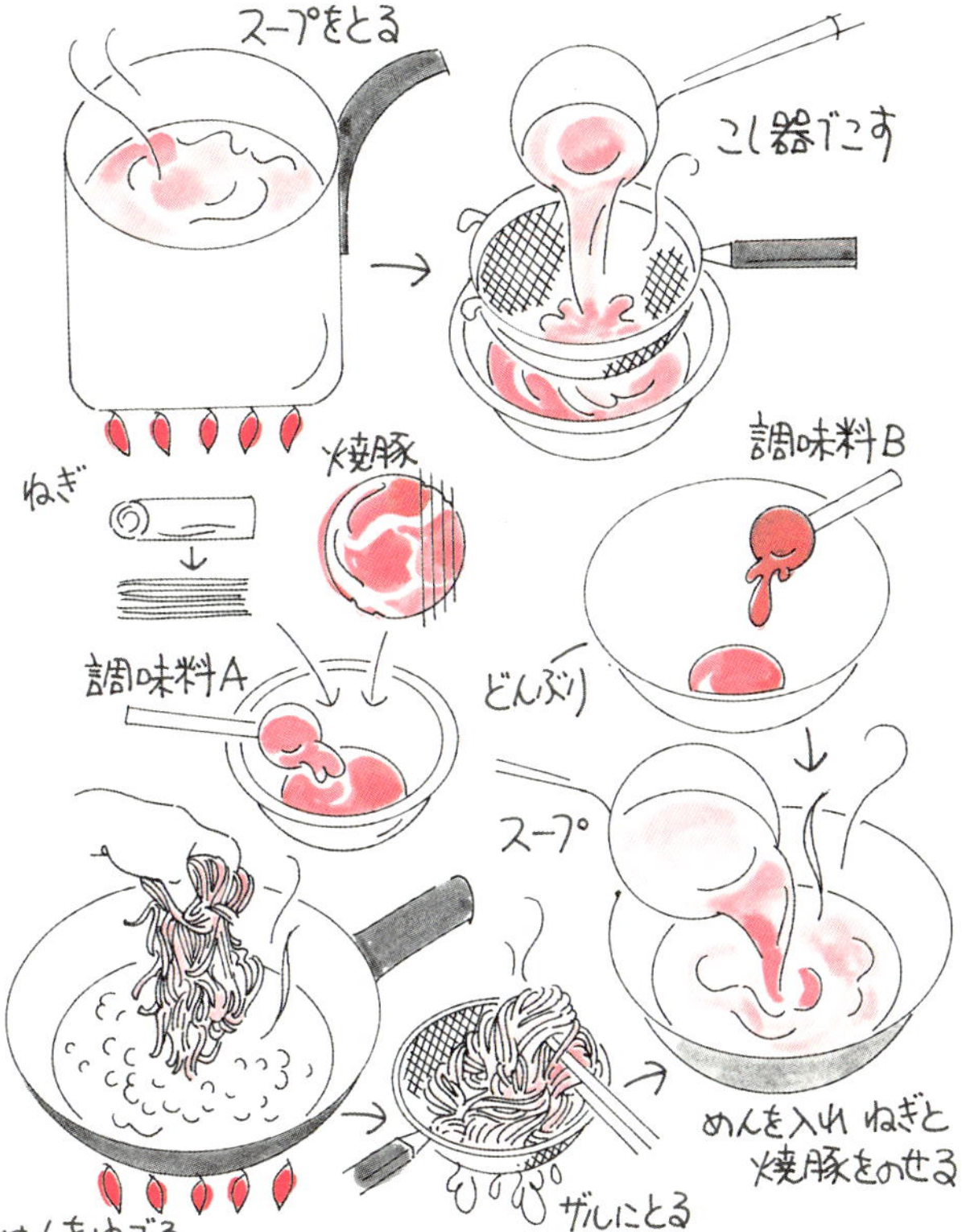

スープをとる
こし器でこす
ねぎ
焼豚
調味料B
調味料A
どんぶり
スープ
めんをゆでる
ザルにとる
めんを入れ ねぎと
焼豚をのせる

材料（1人前）

スープ
　豚のあばら骨500ｇ、鶏ガラ１羽、湯３〜４ℓ
中華めん（生）……………… １玉
ねぎ ……………………… ⅓本
焼き豚（細切り）………… ３枚
合わせ調味料
Ａ：ごま油大さじ１、しょうゆ大さじ１½、かき油小さじ１、塩・こしょう・うまみ調味料各少々
Ｂ：しょうゆ大さじ１、塩小さじ⅓、うまみ調味料少々

彩りもさわやかに、涼味あふれる特選メニュー

海鮮冷やしそば

❖作り方

①魚介類を用意する　大正えびは背わたをとって斜めに半切りにし、ほたて貝は2～3枚のそぎ切りに、いかは一口大の松かさ切りにする。

②下味をつける　ボールに①を入れて下味の材料を加え、しばらくしてゆでる。

③錦糸卵をつくる　卵は薄く焼いて細く切り、錦糸卵をつくる。

④野菜を用意する　貝割れ菜は根を切り落として水洗いし、にんじんは薄く飾りどりにしてゆでる。

⑤ごまだれをつくる　材料をよく混ぜ合わせて冷やしておく。

⑥めんをゆでる　たっぷりの湯でめんをゆで、水にさらして水きりし器に盛る。

⑦盛りつける　めんに②③④の具をのせ、⑤のたれを食べる直前にかける。

ひとくちメモ

魚介類はサッと下ゆでして、ごまだれと一緒に冷蔵庫に冷やしておくといいね。

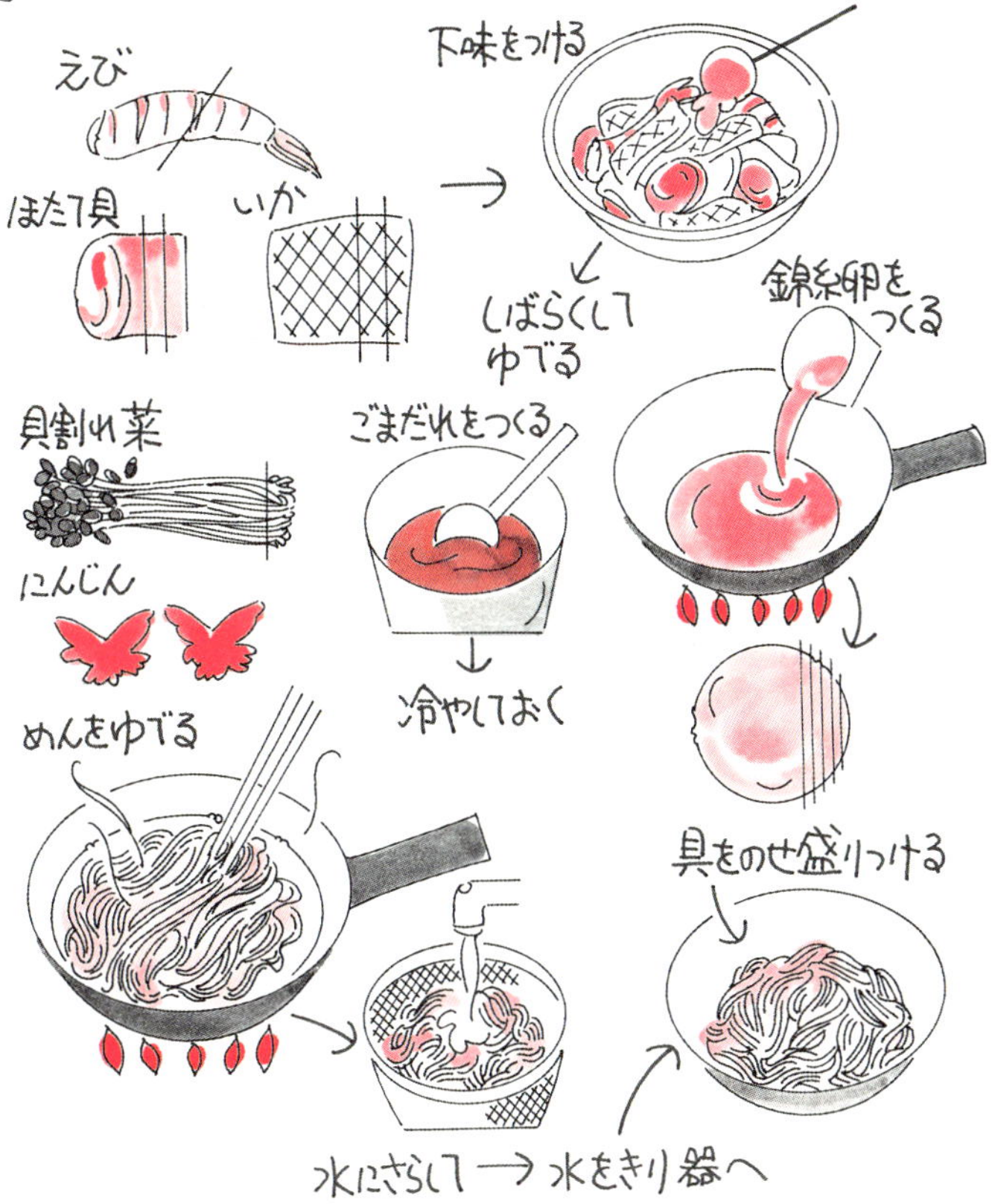

材料（1人前）

中華めん（生）……………… 1 玉
大正えび…………………… 2 尾
いか………………………30 g
ほたて貝…………………… 1 個
下味
　卵白½個分、塩・こしょう・ごま油・うまみ調味料各少々、片栗粉小さじ 2

卵……………………………… 1 個
貝割れ菜……………½パック
にんじん…………………少々
ごまだれ
　芝麻醤・しょうゆ・酢・スープ・砂糖各大さじ 1 ～ 3、ごま油小さじ 1

パリッと焼き上げためんに、好みの具をのせて

五目焼きそば

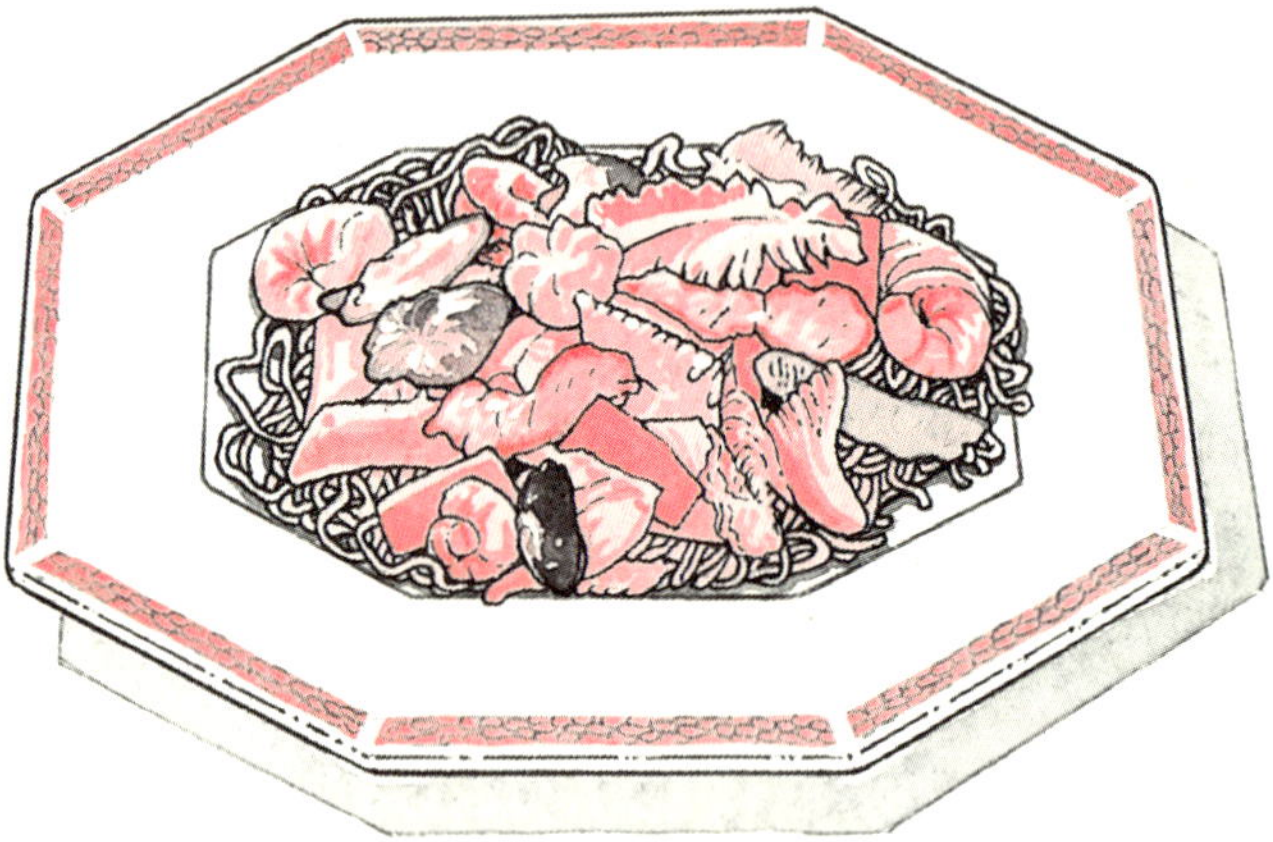

✣作り方

①**魚介類を下ゆでする**　えびは殻と背わたを取り、いかは松かさ切りにし、熱湯に油と塩少々を加えてサッとゆでる。

②**野菜を下炒めする**　野菜はそれぞれ食べやすく切り、焼き豚と一緒に大さじ1の油でサッと炒め、塩少々をふり、熱湯1カップを加え、ひと煮立ちさせてザルにとる。

③**めんを焼く**　鍋に油大さじ2を熱して1人前のめんを入れ、鍋を回しながら両面をパリッと焼き、皿にとる。途中、油が足りなければ足しながら焼く。

④**具を味つけする**　鍋を熱して油大さじ1で①②をサッと炒め合わせ、合わせ調味料を加えてひと煮立ちさせ、水溶き片栗粉大さじ2でとろみをつける。

⑤**仕上げ**　③が温かいうちに④をかける。

ひとくちメモ

鍋の中でめんが固まらずにサラサラ動くようなら合格！
具のとろみもかけすぎて流れない程度に。

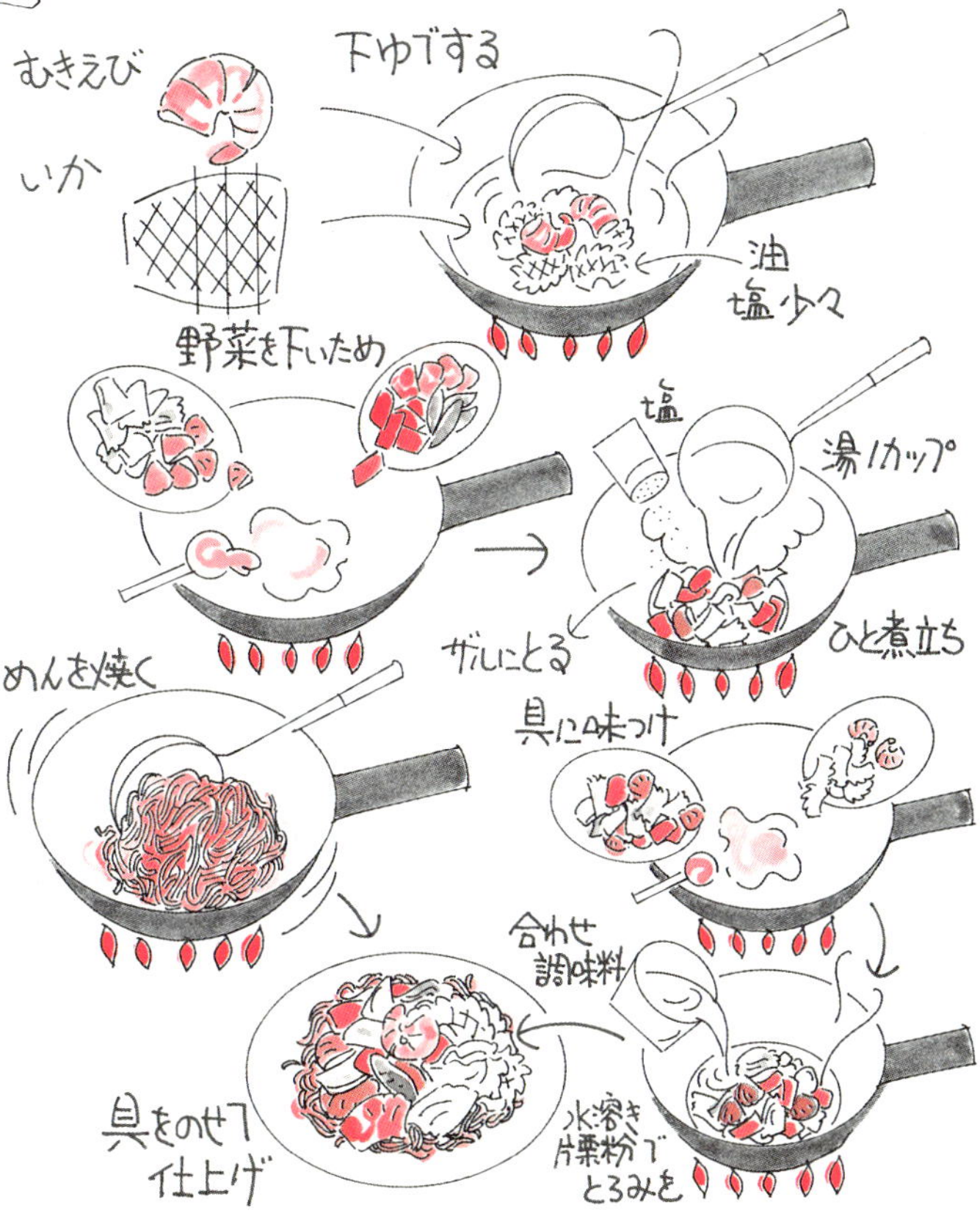

むきえび
いか
下ゆでする
油
塩少々
野菜を下いため
塩
湯1カップ
ザルにとる
ひと煮立ち
めんを焼く
具に味つけ
合わせ
調味料
具をのせて
仕上げ
水溶き
片栗粉で
とろみを

材料（2人前）

中華めん（生）……………… 2 玉
むきえび…………………… 2 尾
いか……………………………70 g
焼き豚……………… 2 〜 3 枚
白菜………………………… 3 枚
干ししいたけ……………… 3 枚
サヤエンドウ………………10本
ニンジン…………………… 4 cm

合わせ調味料
　スープ $2\frac{2}{3}$ カップ、塩小さじ 2 、しょうゆ大さじ $2\frac{2}{3}$、こしょう・砂糖・うまみ調味料各少々

●サラダ油・片栗粉

冷蔵庫の材料で手軽に、おいしく仕上げます

田舎風焼きビーフン

❖作り方

①ビーフンをもどす　たっぷりの湯を沸騰させてビーフンを入れ、煮立ったら、さらに1～2分ほどゆでて（芯が残っているまま）ザルに上げ、すぐにボールに入れてふたをして3～4分蒸らす。

②具を用意する　干ししいたけはもどし、焼き豚、ピーマン、たまねぎ、ねぎと一緒にせん切りにする。

③野菜を炒める　油を熱してピーマンともやしを炒め、塩少々、湯¼カップを加えてサッとゆでて、水気をきる。

④錦糸卵をつくる　よく熱した鍋に油をひき、卵を流し入れて薄く焼き、細いせん切りにする。

⑤仕上げ　油で②の残り材料を炒めて香りを出し、③と①を入れて炒め、調味料で味をつけて器に盛り、④を散らす。

ひとくちメモ

ビーフンは中国製に比べ日本製は堅いのでゆで時間が長い。もどすときは、ゆでてから蒸らすこと。

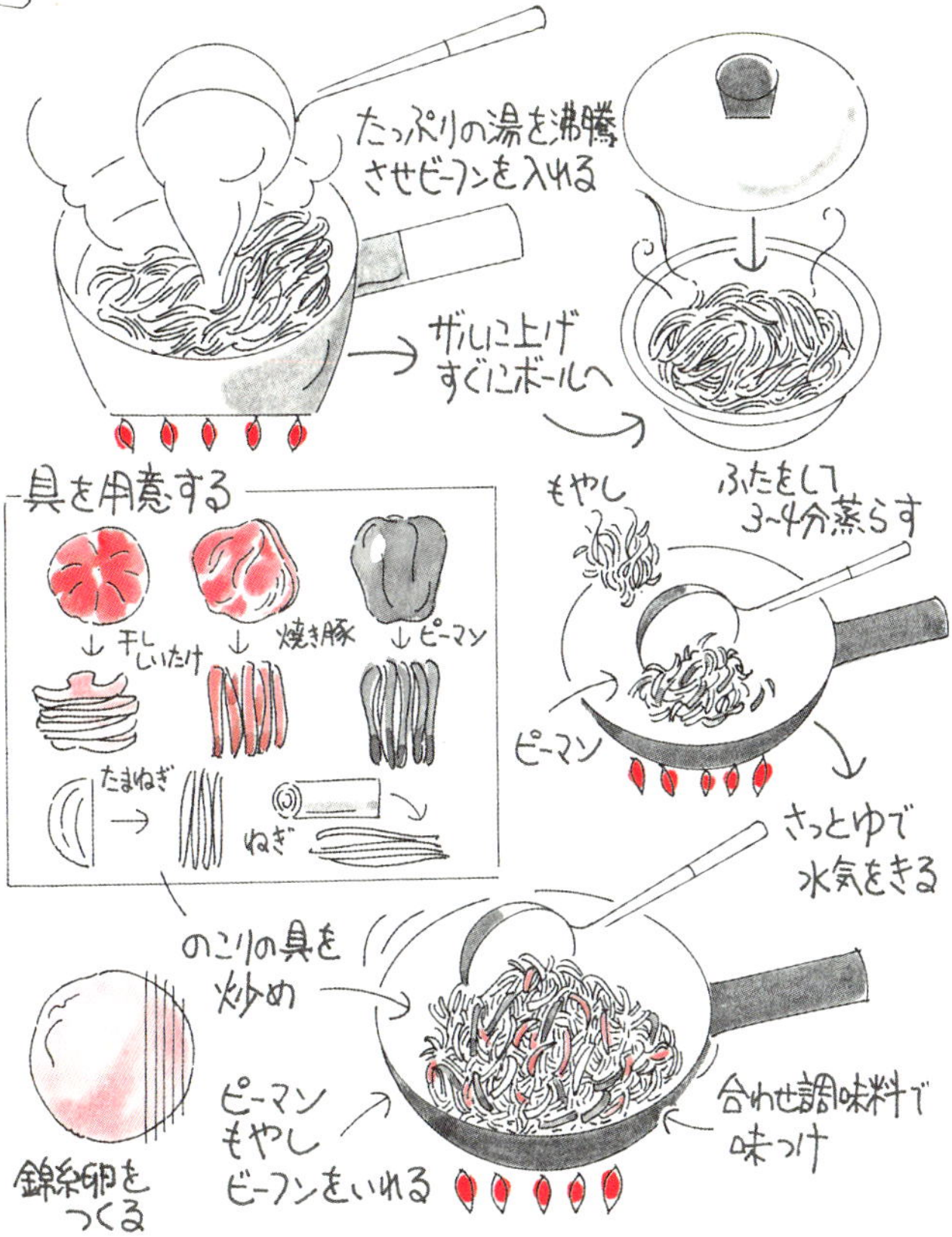

たっぷりの湯を沸騰させビーフンを入れる
ザルに上げすぐにボールへ
ふたをして3~4分蒸らす
具を用意する
干ししいたけ
焼き豚
ピーマン
たまねぎ
ねぎ
もやし
ピーマン
さっとゆで水気をきる
のこりの具を炒め
錦糸卵をつくる
ピーマン
もやし
ビーフンをいれる
合わせ調味料で味つけ

材料(2人前)

- ビーフン(国産もの)……240g
- 焼き豚……100g
- 干ししいたけ……1枚
- ピーマン……1個
- たまねぎ……1/3個
- もやし……150g
- ねぎ……1/2本
- 卵……1個
- 合わせ調味料
  塩小さじ1、こしょう・うまみ調味料各少々
- ●サラダ油・塩

アツアツのご飯にねぎの香りがおいしい

ねぎと卵のチャーハン

❖作り方

①**卵をほぐす**　ボールに卵を割りほぐしておく。

②**中華鍋を空焼きする**　中華鍋を強火にかけ、煙りが立ちはじめるまで、よく焼く。

③**油を注ぐ**　②の鍋にサラダ油大さじ3を入れ、鍋を回して全体になじませる。

④**卵を炒める**　卵をボールに入れて、割りほぐし、①の鍋に流し込み、手早く大きくかき混ぜて、七分通り炒める。

⑤**ご飯を加える**　④にご飯と粗みじん切りのねぎを加え、お玉の背で軽く押しつけながらほぐし、ねぎの香りがじゅうぶん出てくるまで炒める。

⑥**味つけをする**　⑤に合わせ調味料を加えて味つけし、ご飯に油がなじんでパラッとするまで、あおるように炒める。

ひとくちメモ

鍋をよく空焼きして、材料を少なめに炒めると、こびりつかずにパラッと仕上がるよ。

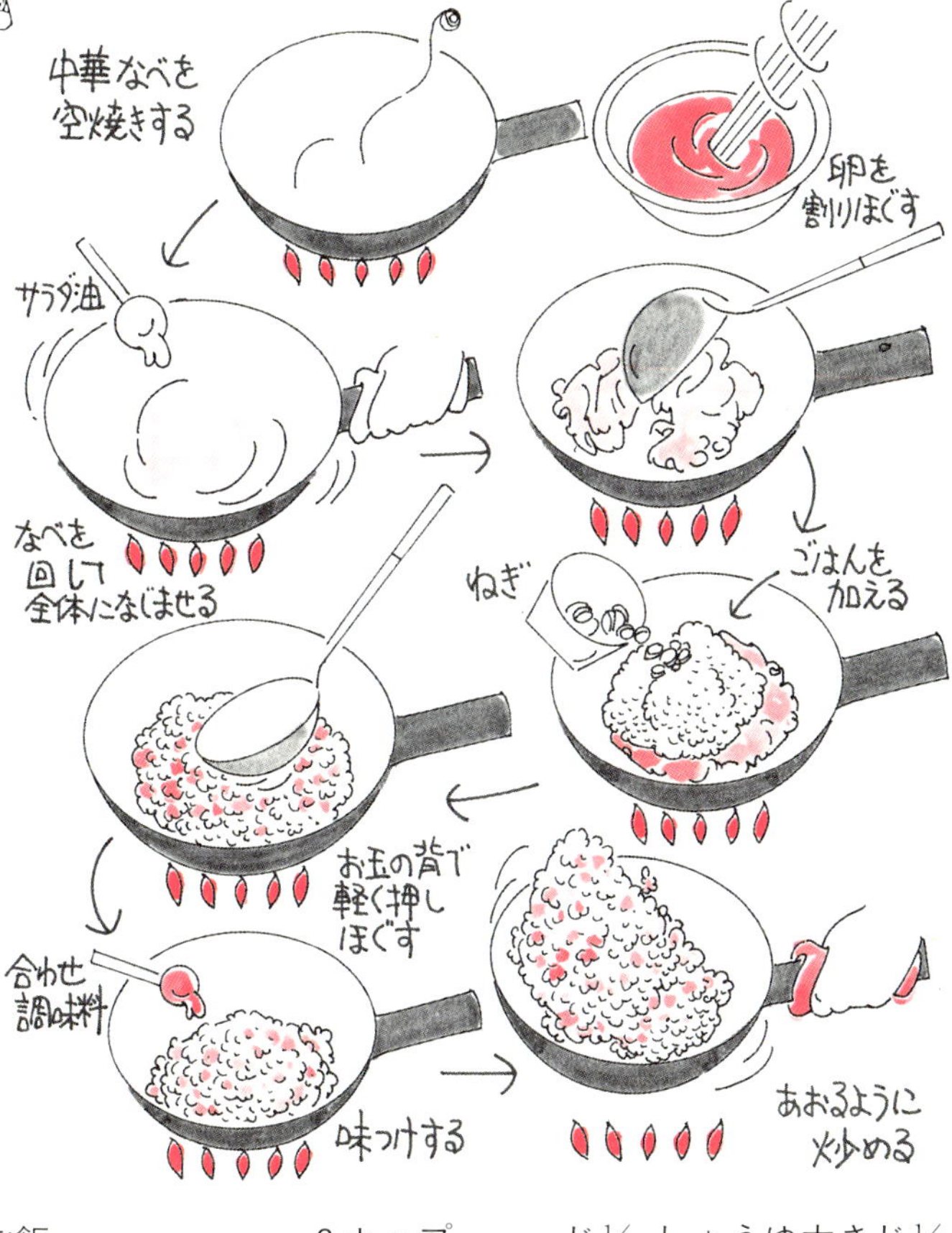

中華なべを空焼きする
卵を割りほぐす
サラダ油
なべを回して全体になじませる
ごはんを加える
ねぎ
お玉の背で軽く押しほぐす
合わせ調味料
味つけする
あおるように炒める

材料（2人前）

ご飯……………………2カップ
卵…………………………2個
ねぎ………………………½本
合わせ調味料
　うまみ調味料少々、塩小さじ½、しょうゆ大さじ½、こしょう少々
●サラダ油

ひき肉のうまみを出してサラッと仕上げる

レタスと牛ひき肉のチャーハン

❖作り方

①下味をつける　ひき肉は下味をつけ、手でよく混ぜ合わせる。

②レタスを切る　レタスは洗って水気をきり、粗めのせん切りにする。

③肉を下炒めする　鍋をよく熱し、油大さじ2をひいて①のひき肉を炒め、火が通って色が変わったら皿にとる。

④鍋を空焼きする　鍋を洗って汚れをとり、火にかけて空焼きしたあと、油大さじ2を入れて鍋肌になじませる。

⑤卵を炒める　溶き卵を④の鍋に入れ、玉じゃくしで混ぜて八分通り炒める。

⑥ご飯とひき肉を加える　⑤にご飯と③を入れて炒め、塩・こしょう・しょうゆで味をととのえ、さらに炒める。

⑦仕上げ　ご飯がパラパラになったら、レタスを加え、よく炒めて器に盛る。

ひとくちメモ

ひき肉の下味を生かして塩分は少なめに、レタスは最後にシャキッと炒めるだけ。

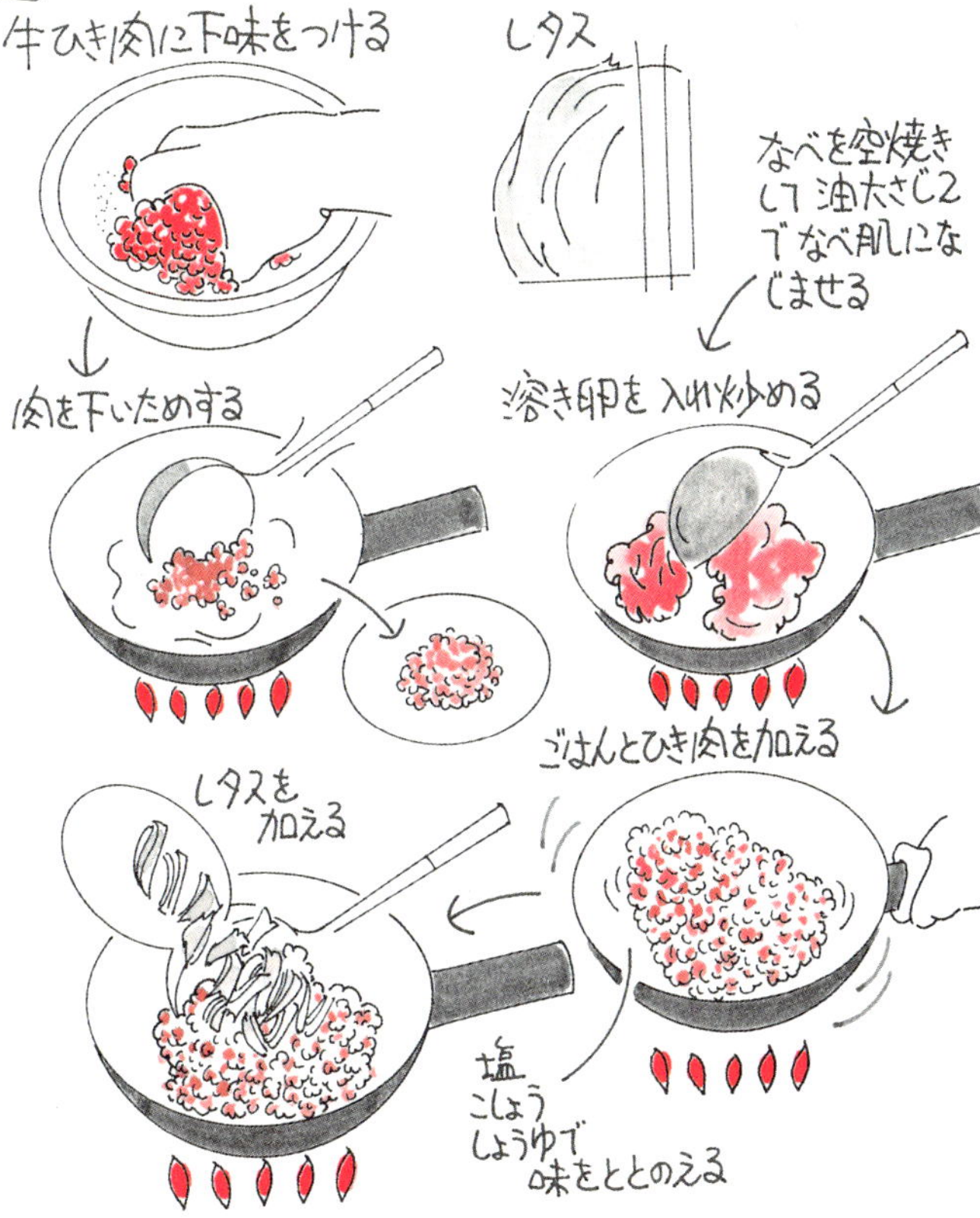

牛ひき肉に下味をつける
レタス
なべを空焼きして油大さじ2でなべ肌になじませる
肉を下いためする
溶き卵を入れ炒める
ごはんとひき肉を加える
レタスを加える
塩
こしょう
しょうゆで
味をととのえる

材料（2人前）

ご飯……………………2カップ
レタス ………………… $\frac{1}{4}$個
牛ひき肉……………… 100g
下味
　塩・こしょう・うまみ調味料各少々、溶き卵$\frac{1}{2}$個分、片栗粉小さじ1

卵……………………………1個
塩・こしょう…………各少々
しょうゆ…………大さじ$\frac{1}{2}$
●サラダ油・塩

塩ざけとねぎの香りがぴったり合った

さけチャーハン

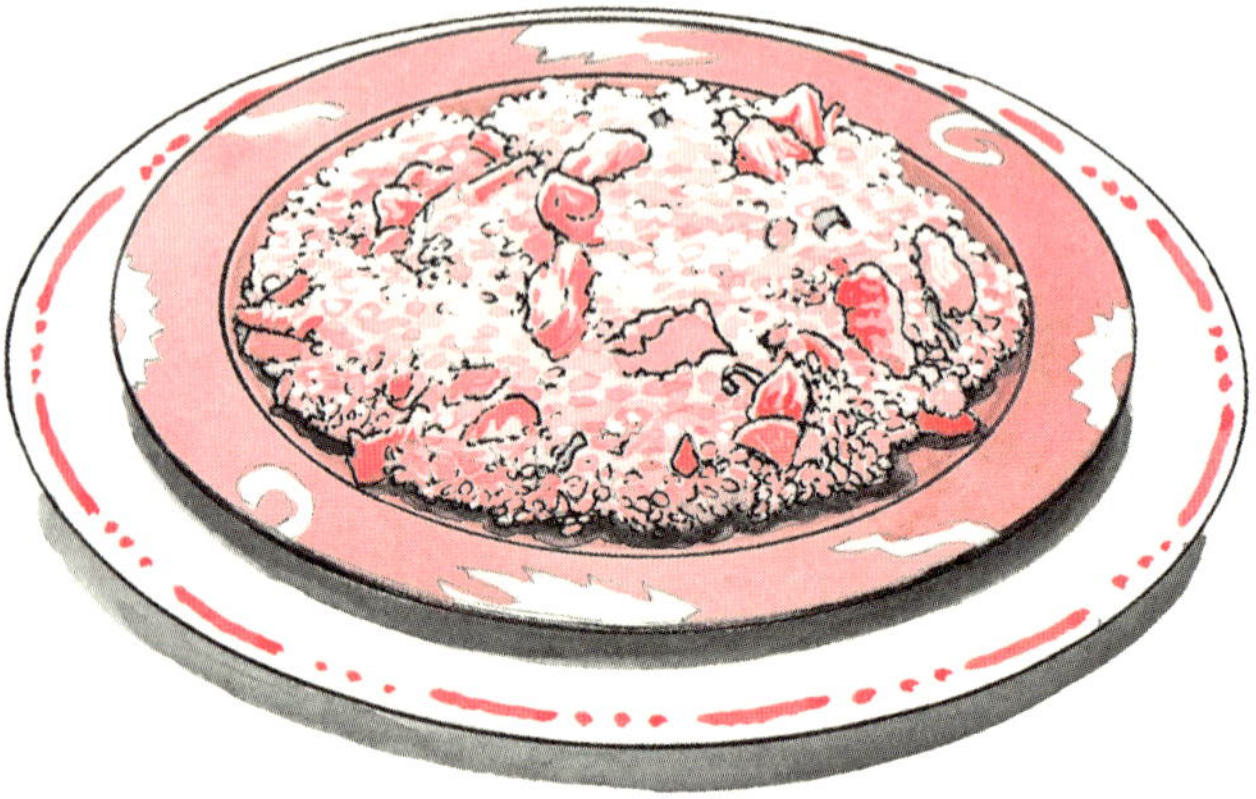

❖作り方

①**塩ざけを焼く**　鍋を熱してサラダ油小さじ2を入れ、塩ざけを加えて両面をこんがり焼き、冷まして小骨をとり除き、細かくほぐしておく。

②**卵とねぎを用意する**　卵はボールに入れて割りほぐし、ねぎはみじん切りにする。

③**鍋を空焼きする**　中華鍋を熱してよく空焼きし、油大さじ3を入れて玉じゃくしで鍋肌全体になじませる。

④**卵を炒める**　③を熱して②の卵を入れ、大きく混ぜて、七分通りのいり卵に炒め上げる。

⑤**残り材料を加える**　④に油、ご飯、①の塩ざけ、ねぎを入れ、玉じゃくしの背でほぐしながら強火で炒め、合わせ調味料を加えてサッと炒め上げる。

ひとくちメモ

塩ざけは、もったいないから皮も刻んで使いたいね。材料にレタスを加えてもいいよ。

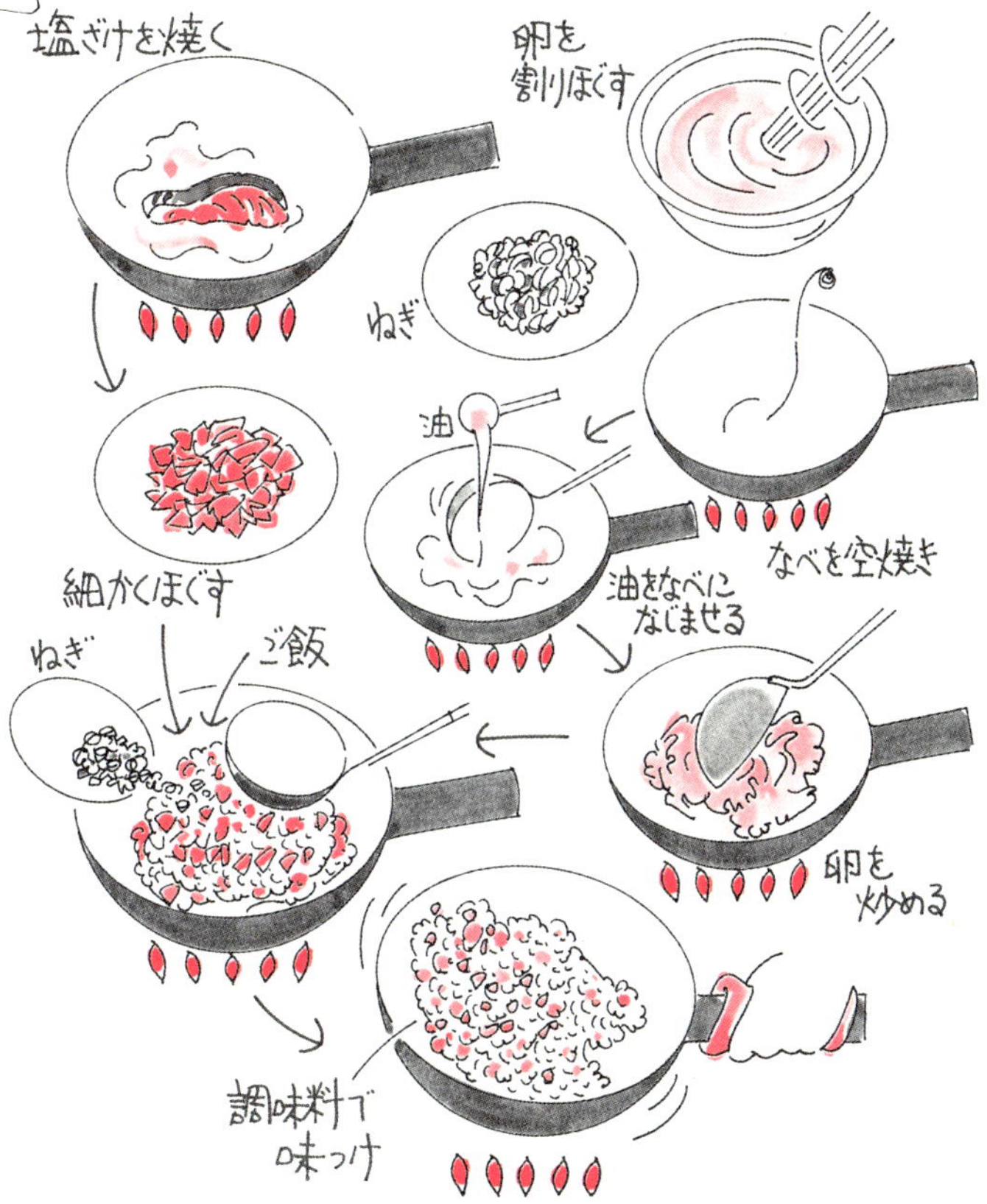
塩ざけを焼く
卵を割りほぐす
ねぎ
油
なべを空焼き
油をなべになじませる
細かくほぐす
ねぎ
ご飯
卵を炒める
調味料で味つけ

材料（2人前）

ご飯……………………2カップ
塩ざけ……………………1切れ
ねぎ……………………½
卵……………………2個

合わせ調味料
塩小さじ½、こしょう少々、しょうゆ小さじ1

●サラダ油

好みの具をいっぱい入れてボリューム満点

中華どんぶり

❖作り方

①**下味をつける**　えびは背わたと殻を取り、いかは松かさ切りにして、下味をつけておく。

②**野菜を切る**　ゆでたけのこは一口大に、白菜は軸の白い部分を斜めにそぎ切りにし、さやえんどうは筋を切り、にんじんは薄切りにする。

③**下ゆでする**　熱湯に油と塩少々を加えて①と②をサッとゆで、皿にとる。

④**炒め合わせる**　鍋を熱して油大さじ2を入れ、③の下ゆでした具を一気に強火で炒め合わせる。

⑤**スープを加える**　④に酒をふってスープを注ぎ、それぞれの調味料を手早く加え、うまみ調味料で味をととのえる。

⑥**仕上げ**　⑤が煮立ったら水溶き片栗粉でとろみをつけ、ご飯の上にかける。

ひとくちメモ

具の材料は全て下ゆでして一気に炒め煮る。ご飯は炊き立ての温かいほうがおいしいよ。

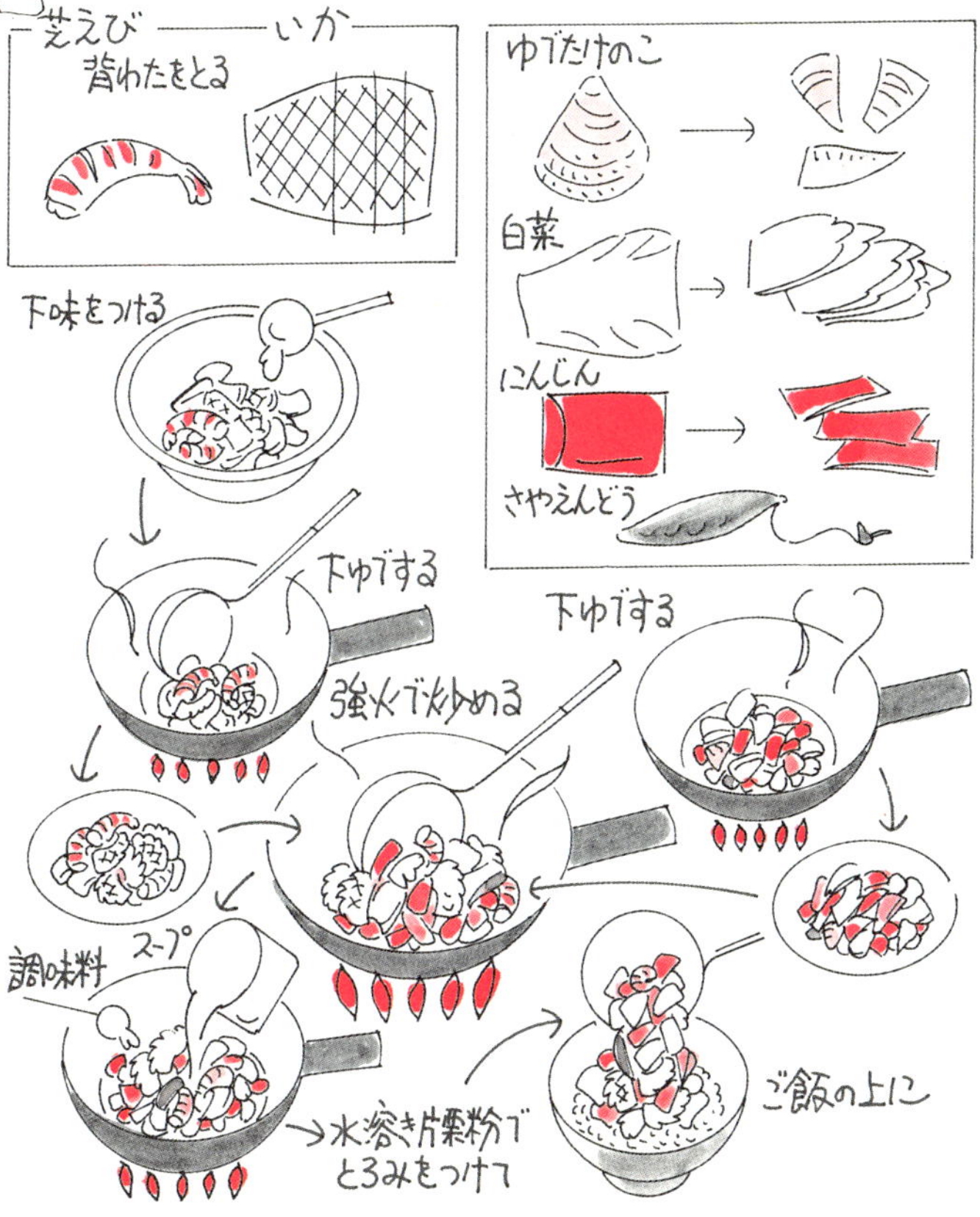

芝えび
背わたをとる
いか
ゆでたけのこ
白菜
にんじん
さやえんどう
下味をつける
下ゆでする
下ゆでする
強火で炒める
調味料
スープ
水溶き片栗粉でとろみをつけて
ご飯の上に

材料（4人前）

ご飯……………………………4杯
芝えび、いか…………各100g
下味
　塩・こしょう・ごま油・うまみ調味料各少々、卵白½個分、片栗粉大さじ2
白菜……………………………4枚
ゆでたけのこ　…………100g
さやえんどう………5～6枚
にんじん…………………少々
スープ……………1⅔カップ
しょうゆ……………大さじ2
砂糖…………………小さじ½
こしょう・うまみ調味料
　……………………………各少々
●サラダ油・塩・片栗粉

栄養たっぷりの肉だんご入り健康メニュー

五目がゆ

❖作り方

①**米を用意する** 米は前日か、炊く30分前までに洗って水気をきり、油大さじ2を加えて混ぜておく。

②**貝柱をもどす** 軽く洗ってかぶるくらいの水に一晩つけてもどし、ほぐす。

③**だんごをつくる** 牛ひき肉は下味を加えてだんごにし、下ゆでをする。

④**残り材料を下ゆでする** とり肉とセンマイは食べやすい大きさに切り、一緒にサッとゆでる。

⑤**米と一緒に炊く** 水12カップを沸騰させて①の米を入れ、②の貝柱ともどし汁を適量加え、煮立ったら中火にして③を入れ、一緒に約30分炊く。

⑥**味つけ** ⑤を仕上げる直前に火を弱め、塩とうまみ調味料で味をととのえ、とり肉の身をほぐして加え、器に盛る。

ひとくちメモ

おかゆは米を沸騰した湯に入れ、最初は強火、具を入れて中火にし、味つけは弱火で。

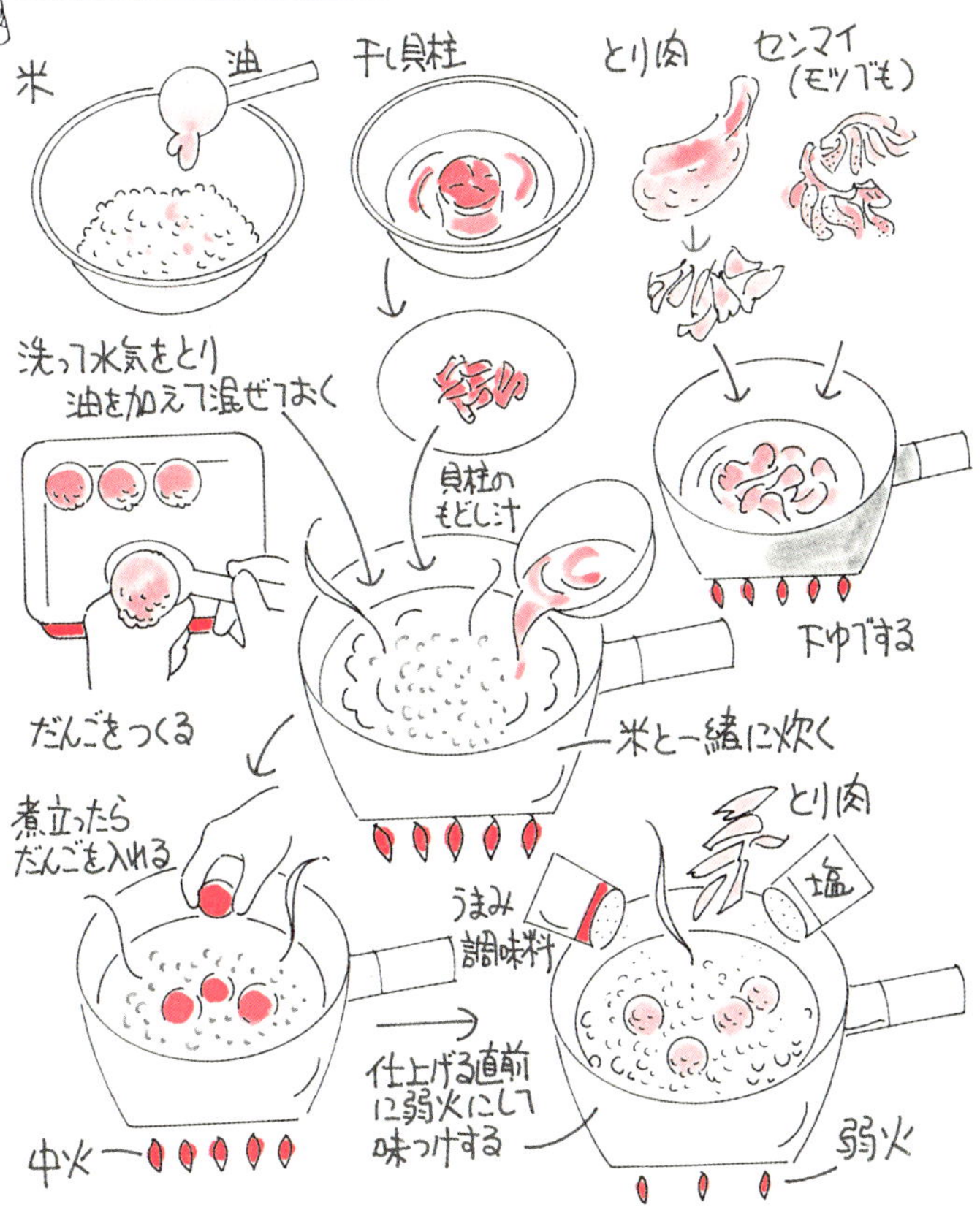
米
油
干し貝柱
とり肉
センマイ (モツでも)
洗って水気をとり 油を加えて混ぜておく
貝柱の もどし汁
下ゆでする
だんごをつくる
米と一緒に炊く
煮立ったら だんごを入れる
とり肉
うまみ 調味料
塩
仕上げる直前 に弱火にして 味つけする
中火
弱火

材料（4人前）

米……………………………1カップ
干し貝柱……………………1個
牛ひき肉………………… 100g
下味
　水大さじ2、塩少々、片栗粉大さじ2
とり骨つきもも肉………1本
センマイ（ほかのモツ類でもよい）……………… 200g
片栗粉……………大さじ2
うまみ調味料……………少々
薬味ねぎ・香菜…………少々
●サラダ油・塩

知っておきたい中華料理のポイント⑥

生めんVSご飯

焼きそばでも広東風になると油っこくない。これはめんを蒸して火に通すからなんだ。おかゆも炊く前に油を少しまぶしておくと、サラッと仕上がるよ。

焼きそばの場合

生めんは蒸してから焼く

①せいろを裏側に返して鍋にかけ、めんを上にのせて強火で10分ほど蒸す。麵の中央に穴をあけると火が通りやすい。

おかゆの場合

米は油をふってから炊く

①米を洗って水気をきり、サラダ油大さじ1をまぶしておく。これは米を炊く30分前か前夜のうちにやっておきたい。

②沸騰させた湯にめんを入れて10秒ほどゆでる。これは、めんの粉っぽさをとるため。

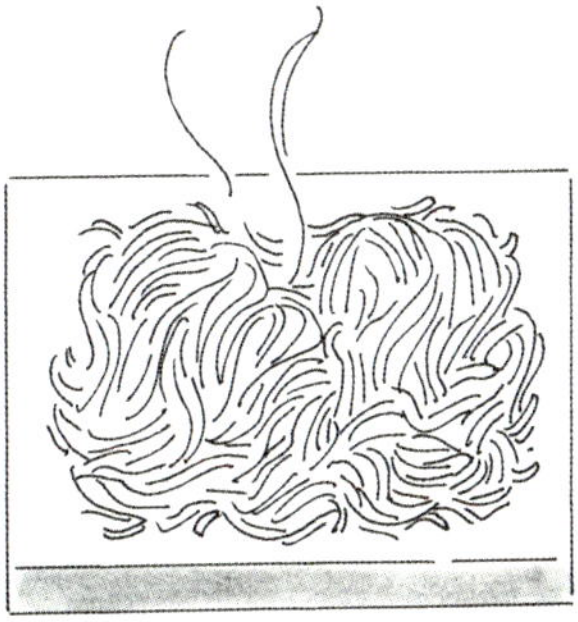

③ザルに取って水気をきり、まな板などに広げて冷ましておく。こうしてめんの表面を乾かすと焼きやすくなるんだ。

②米の12倍の湯を沸騰させて加え、火加減は中火で炊くのがポイント。

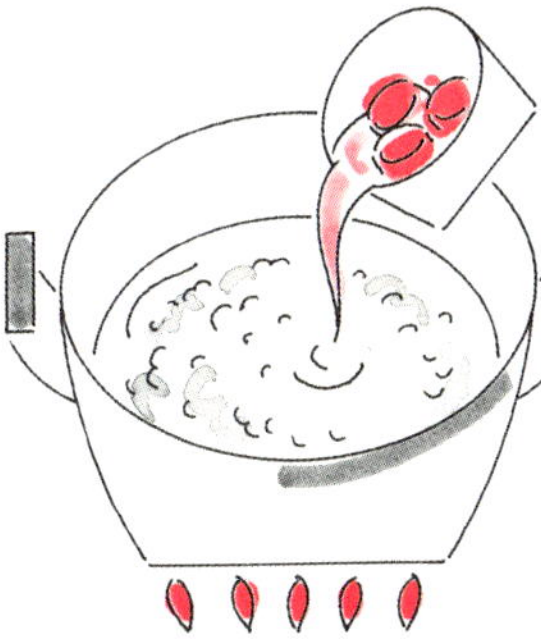

③干し貝柱を加えるときは、もどし汁も一緒に最初から入れ、煮立ったらふたをしないで、中火で約30分間炊く。

プロに学ぶ調理テクニック 6

チャーハンをサラッと仕上げるには

本当においしいチャーハンは、スプーンですくったときにプーンといい香りがする。これは、具のせいでも何でもない、炒め方しだいなんだ。とっておきのコツを教えよう。

①まず、鍋を煙りが立つくらい空焼きし、油を入れて鍋肌になじませる。ここで卵などを入れて七分通りに炒める。

②つぎに家庭の火力が弱いので、材料はサラッと仕上げるために、茶碗２杯くらい（１～２人前）ずつ炒める。

③玉じゃくしの背で押しほぐしながら、調味料を加え手早く混ぜ炒める。炒めた後の鍋には一粒も材料が残らないよ。

楽《ロウ》

中華料理を
もっと楽しむために

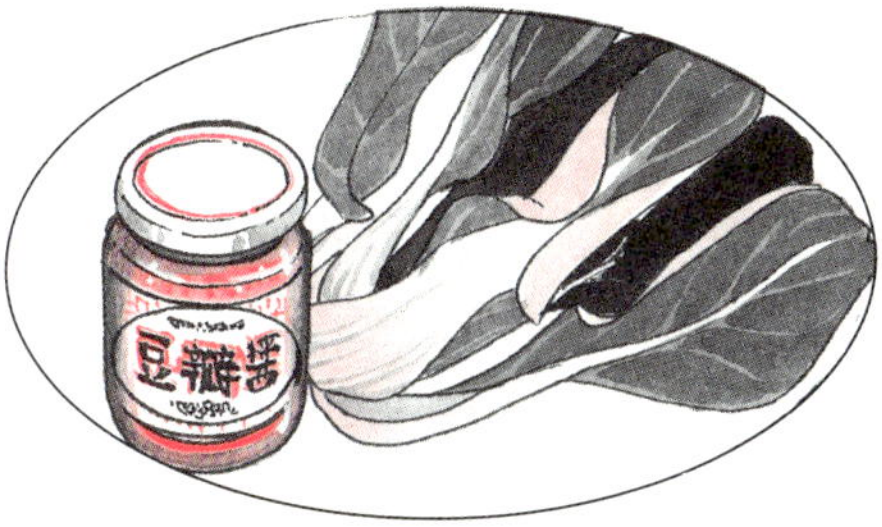

中華料理をおいしく作るには、料理に使われる特有の材料を知っておきたい。輸入食品を扱う店や横浜中華街などで手に入るもので、基本的なものを紹介しておこう。

中国野菜

青梗菜 (チンゲンツァイ)

最も手に入れやすい野菜で、さっぱりした味と歯ざわりのよさが特徴。柔らかい葉と芯の部分が炒め物や煮物などに使われる。

白菜 (パクチョイ)

白い茎と葉の濃い緑がひときわ目につく。ビタミンA、Cを多く含み、炒め物に最適。干し貝柱などと料理すると美味。

香菜 (シャンツァイ)

せりの仲間で、特有の強い香りをもつ。葉を摘んだり、刻んだりして、香りづけに用いられ、中国料理には欠かせない素材。

種類も多く、おいしさも多彩

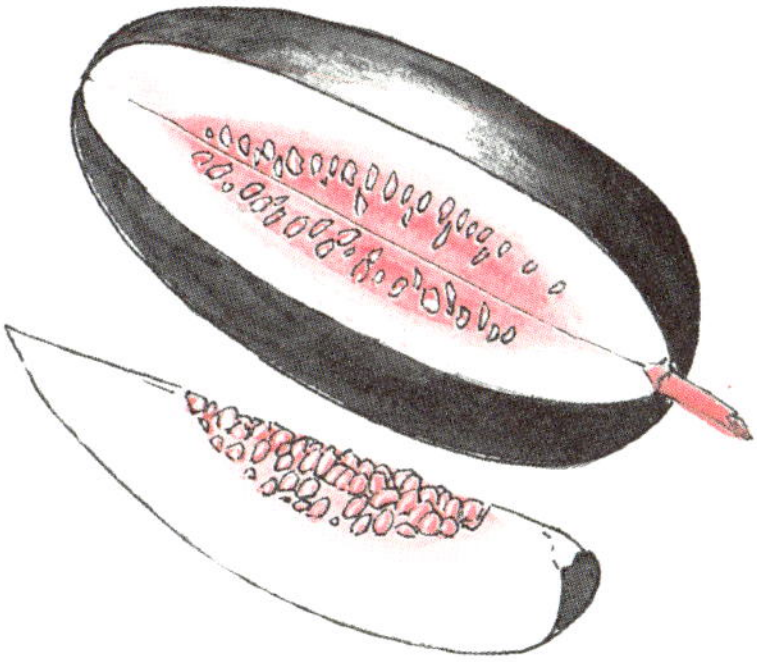

冬瓜（トウガン）

冬の瓜と書いても、夏野菜の一つ。果肉が柔らかく、味は淡白。水分96%なのでダイエットにも向き、スープなどに用いられる。

苦瓜（ニガウリ）

名に示す通り、ほろ苦い、特有の味をもつ夏野菜。太くて濃い緑色のものがよく、炒め物やスープに薄く切って用いられる。

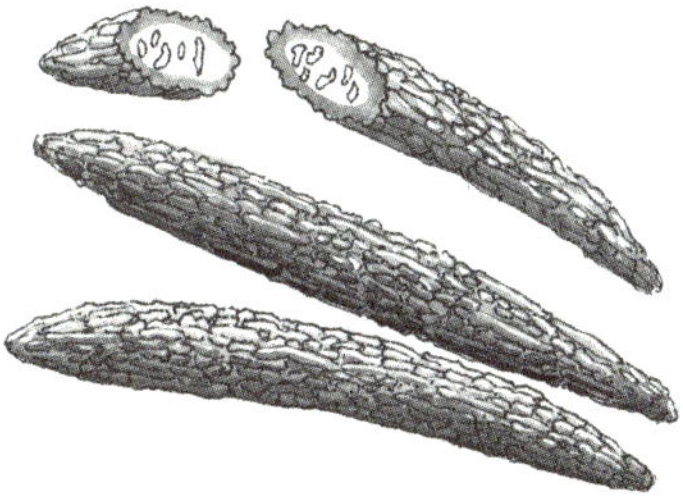

豆苗（ドウミャオ）

えんどうの若芽を摘んだもの。芽をとるための品種で、料理は炒め物やスープの実に使われるが、火を通しすぎるのは禁物。

調味料&香辛料

かき油 (蠔油＝ハオユー)

オイスターソースとも呼ばれ、生がきからエキスをとって濃縮したもの。塩分が多いので使うときは少なめに。

豆板醤 (トウバンジャン)

みそと唐がらしを混ぜ合わせたもので、砂糖を加えると味がまろやかに。辛みをきかせた料理に欠かせない。

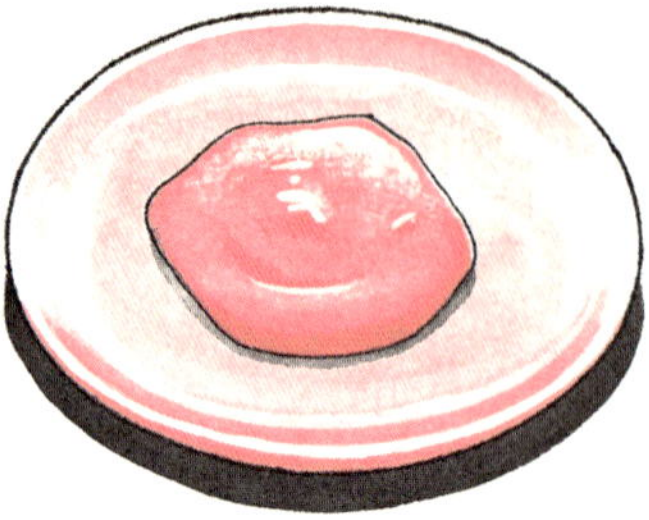

芝麻醤 (チーマージャン)

白ごまをすりつぶして油を加え、味噌状にしたもの。蒸し物のたれや炒め物に、油が浮かないようによく混ぜて使う。

中華のおいしさをひき出す

五香粉（ウーシャンフエン）

5種類の香辛料を粉末にして調合したもの。肉料理などに用いられるほか、塩を加えて食卓調味料に使うことも。

花椒（ホワジャオ）

さんしょうの完熟実を乾燥させたもの。粒状は煮込みや漬物などに、粉末は塩を加えて揚げ物などに添えられる。

八角《はっかく》（パーチャオ）

ういきょうの実を乾燥させた中国の代表的香辛料。クセのある材料の臭い消しや煮込み料理には欠かせないもの。

保存食品

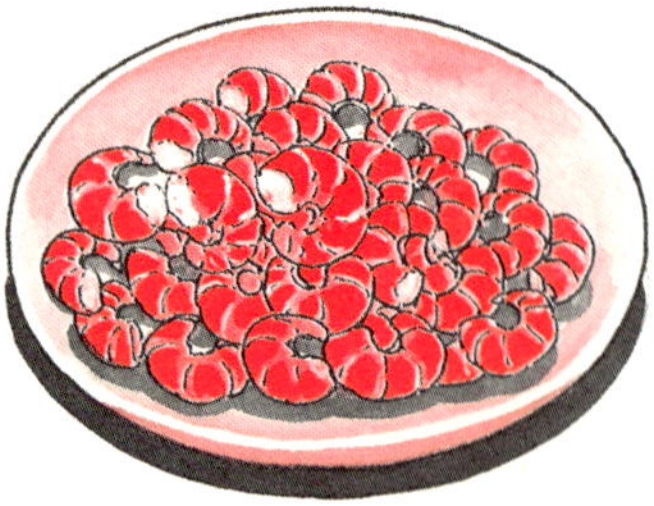

干しえび（蝦米《シャーミイ》）

むきえびを乾燥させたもの。淡白な味で、うまみもあるので、もどし汁をスープや煮物に使うことも。

きくらげ（木耳《ムアル》）

枯れ木に自生するきのこを乾燥したもの。ぬるま湯につけてもどし、堅い石づきは取り除いて使う。

ビーフン（米粉《ミーフエン》）

米の粉で作った乾燥めん。調理は中華そばと同じように、炒めたり、スープにするほか、惣菜の材料に。

常備しておいてメニューに生かす

ザーツァイ（搾菜）

中華料理のおなじみ食品。漬物として食べるだけでなく、スープや炒め物の材料に常備しておきたい。

アーモンド（杏仁《シンレン》）

生の粒、スライス、粉末などがあるので、料理によって使い分ける。淡白な煮物や揚げ衣、杏仁豆腐などに。

タピオカ（西米《シイミー》）

キャッサバという木からとったデンプンを球状にしたもの。透明になるまでゆで、ココナツミルクと混ぜたデザートがおいしい。

中国茶&酒

普洱茶（プーアルチャ）

かびで発酵させるため、特有の香りがある。他の発酵茶より脂肪を分解するといわれている。広東省産。

花茶（ファーチャ）

ジャスミンの香りでおなじみの茶。花の香りをそこなわないように、ぬるめの湯でゆっくり味わう。

鉄観音茶《てつかんのんちゃ》

緑茶と紅茶の中間、半発酵させた茶で、ウーロン茶の味に似ている。小さい急須と碗で飲むのが中国流。

おいしい料理に添えて楽しむ

老酒 (ラオチュウ)

日本で老酒と呼んでいるのは浙江省産の紹興酒の別名。のどごしよく、老酒でも随一とされ、オンザロックで料理と一緒に味わいたい。

紹興酒《しょうこうしゅ》

米が主原料の醸造酒で、アルコール度が低く、飲みやすい。台湾産のものが値段も手頃で売れている。

茅台酒 (マオタイチュウ)

貴州省産の中国を代表する名酒。小麦とコウリャンから作った蒸溜酒で、アルコール度が高いので、すきっ腹に飲むのはさけた方がよい。

あとがきにかえて――ありがとう！　周富徳さん

二〇一四年四月、料理界の宝がこの世を去った。

一九九十年代初め、日本の家庭で中華料理が作られることはまだそれほどなかった時代。中華鍋を豪快に振り回す〝炎の料理人〟としてお茶の間に登場した周さんは、あっという間に人気者となった。一流料理人でありながら、軽妙な語り口と、ユニークなキャラクターが受け、『料理の鉄人』（フジテレビ）、『きょうの料理』（ＮＨＫ）、『浅草橋ヤング洋品店』（テレビ東京）などバラエティ番組にひっぱりだことなった。

それと同時に、目にも鮮やかでダイナミックな周さんの中華料理は日本人の心を鷲掴みにした。家庭でも作れるよう楽しく視聴者に教えてくれた周さんの尽力により、中華料理は瞬く間に日本の家庭料理に根付いたのだ。今や日本中の中華料理店にある「えびのマヨネーズあえ」が、香港で流行っていたものを周さんが日本風にアレンジしたメニューであることも言い添えておかなければなるまい。

周さんを知る人は誰もが「優しくて思いやりにあふれた、とてもいい人だった」と語る。日本と中国との食の架け橋となり、幅広い世代から愛された周さん。あなたが教えてくれた料理の心は、これからも人々を笑顔にし、身も心も満たしてくれるだろう。あなたの教えをずっと忘れません。ありがとう、周さん！

二〇一四年五月　ブックマン社編集部

料理名さくいん

（あいうえお順）

周富徳（しゅう・とみとく）

1943年、横浜中華街に生まれる。

両親は中国広東省出身。中華街で料理人をする父親の仕事を見て育った。18歳から料理の道に入り、新橋「中国飯店」で修業を積む。以来、「京王プラザホテル」副料理長、「聘珍樓」の総料理長、「赤坂璃宮」の総料理長を歴任。1995年、東京青山に自営店「富徳」をオープンし総料理長を務めていた。

“炎の料理人”として、フジテレビ『料理の鉄人』、NHK『きょうの料理』、テレビ東京『浅草橋ヤング洋品店』など多くのテレビ番組に出演。軽妙な語り口と明るいキャラクターで幅広い世代から愛され、家庭で作れる中華料理を広めた立役者。

2014年4月、永眠。

著書『気軽に家庭で作れる中華料理』①～④（ブックマン社）はシリーズ累計百万部を超える大ベストセラーに。『決定版 周富徳ベスト100中華』発売中。

新装版 すぐできる！ おいしい中華の家庭料理

1993年7月10日　初版第一刷発行
2014年7月14日　新装版初版第一刷発行

著者◆周富徳
カバーデザイン◆近藤真生
本文イラスト◆境木康雄、小野寺行雄
キャラクターイラスト◆安久津和巳
発行者◆木谷仁哉
発行所◆株式会社ブックマン社
〒101-0065　千代田区西神田3-3-5
TEL 03-3237-7777　FAX 03-5226-9599

印刷・製本　凸版印刷株式会社

ISBN 978-4-89308-823-9
